ちくま学芸文庫

新編 人と人との間

精神病理学的日本論

木村 敏

筑摩書房

目次

人と人との間――精神病理学的日本論

はしがき……011
第一章　われわれ日本人……017
第二章　日本人とメランコリー……035
1　日本人のメランコリー親和性　037
2　義理と人情の精神病理　048
3　罪と義理　063
4　罪と恥　083
第三章　風土と人間性……089
1　自覚の場としての風土　089
2　風土の了解　098

3　日本の風土、西洋の風土　107
4　風土と人間性　119
第四章　日本語と日本人の人間性……133
1　人称代名詞と自己意識　133
2　「甘え」について　149
3　気の概念　166
第五章　日本人の精神病理……179
1　対人恐怖症　183
2　貰い子妄想　197
第六章　文化を超えた精神医学……215
人と人とのあいだの病理
一　交換不可能な個人の心　232

二　人と人との〝あいだ〟への関心　237
三　〝あいだ〟をめぐる病理　250
四　自己と〝あいだ〟　266
文庫解説
木村敏とドイツの間、木村敏と京都学派の間　清水健信　287

新編　人と人との間——精神病理学的日本論

人と人との間——精神病理学的日本論

両親に

はしがき

私は、前著『自覚の精神病理』（紀伊國屋新書）において、日本的なものの見方、考え方を精神医学の中に導入して、西洋からの借り物ではない、独自の精神病理学を展開してみようと努力した。しかし、それを書いている途中から、この「日本的なものの見方、考え方」といわれるものの実体が何であるのかを、それ自体をテーマにして明らかにしておかなければならない、という考えが非常に強くなってきた。もちろん、このテーマについてはすでに古くから幾多のすぐれた研究がなされて来ているし、最近では特にこのテーマは読書界の一つの流行のようにもなっている。しかし、精神医学自体の立場から、あるいは精神科医の立場から、この問題に真正面から取組んだ仕事は、私の知る限りでは極めて少ない。

精神病をまったく異常な例外的状態と見、また、それを大脳の解剖学的・生理学的病変に基づく疾患として片付けてしまう立場に立つならば、精神科医が日本的なもの、日本人特有の人間性に興味を抱くのは、道楽以外のなにものでもないことになるだろう。しかし私は、精神病というものを、人間であるかぎり誰にでも可能性のある、人間の生き方、あり方の一様相であると考えている。したがって、日本人には日本人特有の精神病的な生き方があるものと思っている。さらにまた、フロイトが『日常生活の精神病理』で示したように、われわれが普通に正常だと思っている事柄についても、これを精神病理学的に考察するということは、可能であるばかりではなく、必要でもあり、有意義なことでもあると思っている。

そのようなわけで、私は本書において、日本人の人間性の特徴を精神科医の眼からもう一度見直し、場合によっては実際の精神病の症例に即して、そこに現われている日本的な生き方の特殊性を取り出そうと試みた。

各章の配列は、きわめて恣意的なものである。できるかぎり体系的に筋道を立てて書こうとする努力も一応はしてみたが、結局それは私自身の性分に合わないことがわかったので、このような形に落着いてしまった。だからここで、各章の内的な連関のようなものをあらかじめ取り出しておいた方が、読者の方々のためにはよいだろうと思う。

最初の「われわれ日本人」の章は、いわば全体の序章をなすものであるけれども、内容的には以下の各章と必ずしも連続していない。私自身の身辺に起った些細な話題を手懸りにして、日本人が知らず識らずのうちに自己存在の根底においている「人と人との間」とでもいうような超個人的な場所が、この章において取り出されている。

次の「日本人とメランコリー」の章においては、メランコリーという精神病理学的な事態の日本的特性についての私のこれまでの研究を概括的に紹介した上で、この特性を（特に西洋人のメランコリーとの比較において）理解していくには、右に取り出した「人と人との間」という観点が非常に有用であることが明らかにされている。西洋における義務と道徳の枠組に対して日本における義理と人情の枠組が対比され、前者が垂直的に神と結びつき、後者が水平的に「人と人との間」と結びついた拘束性に基づいているものであることが、本章における帰結である。

「風土と人間性」の章では、この日本的および西洋的な人間の生き方の対比が、人間と自然との出会い方の対比として捉え直されている。この章における私の思考作業の出発点は和辻哲郎の風土論であるが、私は私なりにこれをいくらかでも克服しようと努力したつもりである。和辻風土論と私との根本的な違いは、一言でいうならば前者の解釈学的手法に対して私は存在論的な立場に立とうとした点にあると言ってよいだろう。この章においては直接に精神病理学的実例には立ち入っていないが、あらゆる精神病理学的考察の出発点となるべき自己存在の問題や、自己の人間としての生き方の問題の根底にあってこれを規定している要因として、風土というものに眼を向けてみる必要があると思ったのである。

「日本語と日本人の人間性」の章においては、この自己存在や人間の生き方の根底を、もう一度「人と人との間」という観点に戻して考えてみた。この章において採用されたのは、日本語に独得の言い廻しを手懸りにして日本人特有のものの見方、考え方を採り出そうとする、いわばすでに常套的ともいえる手法である。「甘え」についての箇所は、精神病理学における先輩として尊敬おくあたわざる土居健郎氏の著名な「甘え」理論に対して、私が常日頃抱き続けていた疑問を提出することに大半を費すことになった。土居氏の理論が狭い精神医学内部での業績には止らず、すでに、江湖《こうこ》にあまねく知られて一定の評価を受けた思想となっている以上、こういった討論がこのような場所で行なわれることも許されるだろうと思う。また、「気」という言葉についての私の考えは、これまでたびたび専門の論文などに発表してきたものであり、いわば私自身の精神病理学的思索の一つの基本概念をなすものである。しかし本書においては、個々の精神病理学的な問題に立ち入ってこの概念を具体的に発展させることはできなかった。

次の「日本人の精神病理」の章では、対人恐怖症と貰い子妄想というすぐれて日本的な精神症状について、以前の各章において考察しておいた諸観点から見たその日本的特性を具体的に取り出そうとしてみた。これはいわば第三章と第四章との応用篇のようなものである。日常生活においてはほとんどの場合意識に上ることのない日本人独得のものの見方が、こういった病的現象に対していかに大きな影響を及ぼしているか、逆にいってこのような病的な精神現象をつぶさに考察することによって、日本人特有の精神構造を解明する上で、いかに有力な手懸りが得られるかということを知っていただければ幸である。

最後の「文化を超えた精神医学」の章は、いわば付録のようなものであって、以上の諸章との有機的な結びつきは薄い。精神医学の内部において日本的特性に関心を向ける場合、そこにどうしても外国との比較という手段が採られることになる。そしてそれは通常、文化論的あるいは社会構造論的な観点から行なわれている。しかし、本書における私の基本的な立場から言うと、病的精神現象の日本的特性をただちに日本の文化や社会構造から説明するというわけにはいかない。私の基本的概念である「人と人との間」とか「風土」とかは、文化や社会構造のもうひとつ根底にあって、それらに対して規定的に働いていると同時に、種々の精神病理学的現象に対しても同じように規定的に働いているものである。このような基本的概念を用いて考察を進めようとする場合、それはどうしても「文化を超えた」精神医学あるいは精神病理学という形をとらざるをえない。このように考えれば、本書の全体がいわば「文化を超えた精神医学」あるいは「文化を超えた精神構造論」の立場でなされていると言うこともできる。

本書がこのような形をとるに至るまでの間には、日本国内および諸外国における実に多数の先輩や友人のお世話になった。いちいち名前を挙げることはしないが、深い感謝の気持ちを表しておきたい。また、本書を執筆する機会を与えて下さっただけではなく、内容についても多くの示唆に富んだ意見をいただいた弘文堂の重松英樹氏には、特にお礼を申し上げたい。そして、私という人間をこの世に送り出し、育ててくれた両親に、特に父のやや遅れた古稀の祝いとして、敬愛の念をもって本書を捧げたいと思う。

昭和四十六年十一月

木村　敏

第一章　われわれ日本人

数年前、ドイツに住んでいたころ、友人のドイツ人がこんな話をしてくれた。彼がごく親しくしていた日本人の哲学者といっしょにレストランで食事をしたとき、この日本人は料理が気に入らず、「これはわれわれ日本人の口には合わない」と言った。そこでドイツ人の御多分に洩れず議論好きの彼は、変なこと言うなよ、味覚ってのは、まったく個人的な好みのものなんだぜ、「われわれ日本人の口には」なんて言いぐさがあるかい、といってこの日本人哲学者に喰ってかかったというのである。

なぜ彼が私にこんな話を持ち出したかというと、私自身その当時、彼との個人的な会話のなかでも、公の席での講演などのなかでも、この「われわれ日本人」という表現を、知らず識らずの間によく用いていたのに、彼が気付いていたからである。

彼はそれから、急に真剣な顔になってこういった。「ぼくは日本人の友人をたくさん持っているし、日本が大好きだ。日本人の考え方も、なんとかわかっているつもりだ。そこへ君たちがやって来て、われわれ日本人は、と切り出されると、なんだか、お前たちにはわかるものか、日本人は特別なんだ、われわれ日本人はお前たち西洋人とはわけが違うんだ、という宣告を叩きつけられたような気持ちになって、なんともやり切れないほど寂しい」。

それ以来、私たちは数回にわたってこの問題について語り合った。同じようにそのころドイツに住んでいて、日本と西洋という問題を真剣に考えていた日本人の友人とも、同じような話題でいろいろと議論もした。私にはなにかしらこの問題のなかには、日本人の「精神構造」といわれるものにとっての、かなり本質的な核心が含まれているように思えてならなかったからである。

彼のいうところによると、ドイツ人はこのような場合、けっして「われわれドイツ人は」というような言い方をしないのだそうである。「ただし、ヒットラーの時代とか、東西ドイツの統一問題にからんだ政治家の発言ならば別だがね」、と彼はいった。それはそうだろう。ドイッチュラント・ユーバー・アレスの時代には「われわれドイツ民族」こそ、世界に冠たる優秀な民族たるべきはずだったのだし、東独に対する西独側からのアピールは、いつも「われわれドイツ人は一体である」ということだったのだから。

日本人の場合にも、戦時中の「八紘一宇」の時代には、「われわれ日本人」が同じような政治的、示威的な意味で語られえたであろう。もちろん、今でも、はっきりした主義主張としての国粋主義からこのような言い方を用いる人もいるかもしれない。しかし、まずい料理を食わされた哲学者の場合にしても、学問的な見地から日本人と西洋人のものの考え方を比較していた私の場合にしても、このような意味での国粋主義が、どこか意識の底にあったなどとは到底考えられない。私たちにとって、「われわれ日本人は」という言い方は、そういった主義主張の有無にかかわりなく、どうやら体得的、生来的に自然な発想らしいのである。

「ところで君たちは、われわれアジア人は、という言い方をするかい」という彼の質問を受けて、私は考え込んでしまった。「われわれアジア人」という言い方は、やはり特別の意図を持っている場合には、たしかにしないことはないだろう。しかしこれが、「われわれ日本人」と同じくらい生来的、体得的な自然な言い廻しとして口に出てくるかというと、どうもそうは言えないようである。むしろ私たちは、中国人や朝鮮人などの隣国の人々に向ってさえ、「われわれ日本人」としての構えを崩さないのではないのだろうか。日本が「アジアの孤児」だと言われていることとの関連はさておいて、この「われわれ日本人」的発想は、地理的な近さや遠さとか肌の色の類似や相違とは関係なく、日本人である以上、だれもが知らず識らずのうちに身に着けている、まったく無反省的な、反省以前の発想ではあるまいか。

このドイツ人によると、「われわれ西洋人は」という発想は、「われわれドイツ人は」に較べれば、まだしも自然だし、実際に、割とよく用いられると言う。「この頃では、われわれ西洋人は、東洋の知恵を学ばねばならない、というような、自己卑下的な意味で使われることが多くなったがね」と彼は言う。そして、彼らにとって最も自然で、最も抵抗なく無意識的に使える「われわれ何々は」は、「われわれキリスト教徒は」と、「われわれ人間は」の二つだと言うのである。

彼と私と、それからもう一人、真宗の僧籍を持っている友人のOさんとの三人での会話の途中で、彼は私たちに向って、ふと、「君たち仏教徒はこの問題をどう思う」というような質問の仕方をしたことがある。その時、私は、坊主であるOさんはどうか知らないけれど、私自身は仏教徒ではないのだから、「君たち仏教徒」はやめてくれ、と反撃した。ところが彼は、「ぼくだって別にキリスト教の僧侶でもなんでもないんだ、それでもぼくは自分をキリスト教徒だと思っている。君は仏教の僧侶ではないかも知れないが、日本の文化は結局のところ仏教文明なんだし、君自身の考え方もたいそう仏教的だ。それを仏教徒と言ってどうして悪い」と言う。

確かに考えてみれば、彼のいうとおりのようでもある。「洗礼」とか「信仰告白」とかの有無は、個人の意識の問題であるよりはむしろ宗教制度上の問題である。彼らが自分たちの文化をキリスト教文明だと言い、私たちが日本の文化を仏教文明と認めるならば（そしてそれはまた、実際にそのとおりに違いないのだから）、つまり彼らが、キリスト教の教会建築や教会音楽を、自分たちの美の世界だと思い、私たちが古い仏像や寺を、また仏教と何よりも深いつながりを持つ日本の思想や文学を、自分たちにとっての美や真の世界と思うならば、私たちが自分のことを「われわれ仏教徒は」といってても何の不思議もないはずである。川端康成氏のノーベル賞受賞記念講演『美しい日本の私』を読んでみるとよい。これを読んで、川端氏を仏教徒だと思わない西洋人がいるとしたら、これはむしろ奇妙である。

「われわれ人間は」という言い方が、すぐれてヨーロッパ的な言い方であるということについては、もっとずっと簡単に説明がつく。つまり、ヨーロッパ人は牧畜民族であり肉食人種であって、「われわれ人間」と動物たちとの間には、神によって定められた絶対的な断絶がある。創世記においても、人間は「神の似姿」であり、人間以外の動物は人間の支配に服し、人間の食用に供されるべきものとして創造された、ということになっている。このあたりのことは、鯖田豊之氏の『肉食の思想』（中公新書）に詳しい。

「われわれ人間は」の背後には、キリスト教の教義に裏打ちされた（しかしそれ自体は、キリスト教普及以前の遊牧時代からの食生活から由来した）、いかなる反論も許さぬ絶対的な人間中心主義がある。人間と人間以外の万物とは、彼らにとってはいわばアプリオリに異質のものなのであり、それ故に「われわれ人間は」という言い廻しは、彼らにとっては絶対的に自然な言い廻しなのである。これとまったく同質の絶対的排他性が、「われわれキリスト教徒」の発想からもうかがわれるのは面白い。キリスト教徒の「異端狩り」に端的に象徴される排他性が、彼らの食生活に根本的に由来している「断絶論理」や社会意識と結びついていることも、やはり前述の鯖田氏の著書に書かれていることである。

私たちが「われわれ仏教徒」という発想を持ちえないのは、また私たちにとって「われわれ人間」という発想も、ヨーロッパ人におけるがごとき自然な自明性を持ちえないのは、仏教という宗教そのものの性格に由来することかも知れない。つまり仏教の元来の非排他性、融和性によって、それに私たちの先祖たちが仏教を受け入れて以来仏教そのものが蒙ってきた混淆的性格によって、仏教徒と非仏教徒との間に一線を画したり、ましてや仏教徒としての個別性、自己同一性《アイデンティティー》を確立したりするということは自明のことではなかったし、仏教徒自身が——つまり僧であると俗であるとを問わず、自らが仏教文化の中にあるという意識を有しているもの自身が——自らを「仏教徒」としてアイデンティファイすることも自明のことではなかったのである。

人間中心主義、人間と動物との間の断絶、これが仏教において成立しえない思想であることも歴然としている。もちろんここでも「人間」と「畜生」との区別はなされているけれども、これは地獄、餓鬼、天上などの諸界とともに、「一切衆生」が輪廻する「途中」の住みかとしての区別であって、きわめて相対的である。第一、仏教の輪廻思想に触れるずっと以前から、稲作農業に生きる日本人にとって動物はまず第一に貴重な協力者であり、同僚であった。これらすべての一番の底には、もちろん日本的風土の特性からくる、人と自然との一体融和の感情が、強く作用しているだろう。「草木国土《そうもくこくど》悉皆成仏《しっかいじょうぶつ》」などという経文を持ち出すまでもなく、日本人には元来、自分自身を（「仏教徒」としても「人間」としても、さらには個人的な「我」としてすら）絶対的独立不羈《ふき》のアイデンティティーとして立てるとか、他との、自分たち以外のものたちとの絶対的区別において自分自身を見る、とかいう心の動きが稀薄だったのではないかと思われる。

　そうすると一体、「われわれ日本人は」という私たちにとって自然な発想は、どういうことになるのか。私の友人のドイツ人をして、「お前たちにはわかるものか、日本人は特別なんだ、われわれ日本人はお前たち西洋人とはわけが違うんだ」という宣告として受取られ、彼を寂しい気持ちにさせたこの表現が、もし彼の感じ取ったような排他性の表現であるとするならば、私がここまで書いてきたこととは非常に矛盾することになるだろう。

　帰国後、私はイザヤ・ベンダサンの『日本人とユダヤ人』（山本書店、角川文庫）を読んで、その中に述べられている「日本教」という考え方に、非常に興味をひかれた。ベンダサンは「ユダヤ人とは誰をさしていうのか」の定義の難しさから出発して、ユダヤ人とは要するにユダヤ教徒のことであり、これとまったく同じ意味で「日本人とは日本教徒のことである」という。ユダヤ教にも、サドカイ、パリサイ、エッセネ、ガリラヤ、ナザレ、サマリヤ等の諸派があったりするのと同じように、日本教の中にもキリスト派、創価学会派、マルクス派、進歩的文化派、PHP派、右翼国粋派から左派的分派まで、実にさまざまの派がある、と彼はいう。もちろん、この理論でいくと、神道、仏教およびそれらの中の諸分派は、すべて日本教の中のさまざまな分派にすぎないことになる。日本教が他の宗教と異なっている点は、一民族・一国家・一宗団をなしている点である。そして、日本教の基本的理念は「人間」であり、「人情味」であり、「人間的」ということであって、「神学」のかわりに「人間学」を有している宗教である、と彼はいう。

私はこの意見を、奇想天外だが、非常に筋の通った意見だと思う。私たちが、「われわれ日本人は」というとき、私たちはその言外に、「われわれ日本教徒は」という意味をこめて語っているのではあるまいか。そうするとこれは、「われわれドイツ人は」と同列に比較されるべき発想ではなくて、むしろ「われわれキリスト教徒は」とか「われわれユダヤ教徒は」とかの言い廻しと同列に置かれるべきものだ、ということになる。ただ、ベンダサンもいうように、「日本教」が一民族・一国家・一宗団の特殊性をもっているために、「われわれ日本教徒は」といわねばならぬところを、「われわれ日本人は」で済ませてしまって、私たち自身、その「すりかえ」に気付いていないだけだ、ということになる。

さきに、西欧人が「われわれキリスト教徒」という場合には、そこに他宗教（異端）に対する絶対的な断絶論理に基づく排他性が含まれている、と述べた。このような断絶論理や排他性は、「日本教」の体質の中には存在しない。それならば、「われわれ日本教徒は」

の自明性を支えているアイデンティティー、つまりこの「われわれ」の「われわれ」性は何に基づいているのだろうか。実はこの問題こそ、本書で私が取り上げたかった中心的なテーマなのであり、私の個人的な身辺に起きたこんな話題でもって本書を書き始めた真意の存するところなのである。

日本人が排他性を持っていない、といえば実は嘘になる。この点についても、ベンダサンは興味深い実例をあげている。日本人にとって、外人は、日本国籍を取ろうが取るまいが外人なのであり、日本人が外人と結婚したりして外国の国籍を取ったとしても、その人は依然として日本人なのである。鹿児島県には、島津義弘に連れてこられた朝鮮出身の陶芸師がいて、三百年後の今日でも、まだ日本人として認められず外人として処遇されている、という。つまり、外国出身の人は、いかに長期間、それどころか何代にもわたって日本国籍を所有していても、「われわれ日本人」の「われわれ」の中には、はいって来ない、入れて貰えないのである。これこそ大変な排他性、断絶論理ではないのか。

ところが、実はこの「排他性」とキリスト教徒の排他性との間には、非常に大きな違いがある。この点ではむしろ、ユダヤ教徒は「日本教徒」に近い。つまり、たとえ日本人であり、たとえユダヤ人であっても、ひとたびキリスト教に入信ないし改宗して、キリスト教の神に対する信仰告白をしたものは、キリスト教にとっては、もはや異端者ではなくなる。「われわれキリスト教徒」の「われわれ」への加入を認められる。逆に、親代々キリスト教徒であったものでも、ひとたび他の宗教に改宗すれば、彼はただちにこの「われわれ」から排除される。つまり、キリスト教の場合の「われわれ」とは、現に生きている一人一人の個人の集合としての「われわれ」なのであって、「われわれ」を構成している一人一人の「われ」がどうであるか、がここでは問題になっている。排他と断絶は、個人と個人との間の、あるいは個人群と個人群との間の排他と断絶なのである。

　これに対して「われわれ日本人」と言う場合の一種の排他感、断絶感のようなものは、決して個人レベルの問題ではない。一人の個人が日本国籍を取ろうと、捨てようと、そんなことは「われわれ」の構成には何の意味も持たない。この「われわれ」は、現在の時点で歴史を横に切った「われわれ」ではなく、歴史を縦に流れる「われわれ」であり、先祖代々の血のつながりに深く根差した「われわれ」である。「われわれ日本人は」という場合の「われわれ」とは、二十世紀の現代に生きている日本国民のことを指しているのではない。二千年前、いやもっとずっとずっと前から日本列島に生きていた私たちの先祖にまでさかのぼって、その血を受けた「われわれ」の意味なのである。

「この料理はわれわれ日本人の口には合わない」といって、私の友人のドイツ人を驚かせた日本人哲学者の場合についてみても、これに対して「味覚の趣味はまったく個人的なものだ」と反論したドイツ人は、実はこの「われわれ」の意味を取り違えていたわけである。

「われわれ」を個人レベルでの集合、個人レベルでの複数代名詞としか考えなかったわけである。ところが、この「われわれ」には、その日本人哲学者個人、あるいは彼と同時代に生きるこの日本人、あの日本人などを全部寄せ集めた集合体より以上の意味が、つまり、太古の昔から日本列島に生活しつづけてきた私たちの先祖たち以来私たちのものとなっている「生きかた」のようなものが含まれていた。「生きかた」であるからそこにはどうしても、食物に対する習慣のようなもの、口に合う、合わぬの問題も含まれているはずである。だから、「われわれ日本人の口に合わぬ」という言い方には、いささかの論理的矛盾も含まれていないことになってくる。

「われわれ日本人」に表わされている日本人の集合的アイデンティティーが、西洋人のそれと違って個人的レベルのものではなく、超個人的な血縁的、それも血縁史的なアイデンティティーであるということ、これが本書において最初に押えておきたい一つの眼目である。この血縁史的アイデンティティーは、実に多くの「日本固有」の現象を説明する鍵になる。例えば中根千枝氏のいわゆる「タテ社会」をとってみても、これはいわば、この血縁史的アイデンティティーが、現在の時点に投影されたものにほかならないし、土居健郎氏のいう「甘え」にしても、このアイデンティティーが現実の対人関係の場面に投影されたものと見ることができる。

ただし、ここで「血縁史的」といっても、それは決して歴史的な「タテ」の面だけに着目してよいというものではない。むしろ、私がここで最も強調したいのは、このアイデンティティーが個人レベルのものではなくて、超個人レベルのものだ、ということである。逆にいうと、この超個人レベルのアイデンティティーが、民族意識というような、それ自体の中に歴史性を含んだ問題の中に姿を現わすとき、これが血縁史的アイデンティティーの形をとるのだ、といった方がよい。

もっと一般的な言い方をすれば、それは一人一人の個人のアイデンティティーとか、それの集合としての集団的アイデンティティーではなくて、おのおのの個人がそこから生まれて来るような、個人以前のなにものかに関するアイデンティティー、禅でいうと「父母未生已前の自己」に関するアイデンティティーである。

そこからと言い、個人以前と言い、父母未生已前と言っても、これはいうまでもなく、時間的な「より以前」の意味ではない。これはいわば存在論的な「以前」、つまり存在の根拠の意味での「以前」の意味である。「個人以前」とはしたがって、個人が（肉体的・物的にではなく自覚的に、つまり自分というものとしてではなく自分ということとして）個人であるための根拠、言いかえると、自分がそこから自分として自覚されて来るような自覚の源泉のことである。

個人が個人として、つまり自己が自己として自らを自覚しうるのは、自己が自己ならざるものに出会ったその時においてでなくてはならない。自己がこの世の中で、自己以外のものに出会わなければ、「自己」ということがどうしていえようか。自己はあくまで、自己でないものに対しての自己である。しかし、ここで「自己でないもの」といわれているものも、それが「自己でないもの」といわれうるのは、自己と区別される限りにおいてである。自己が自己とならない間は、自己ならざるものも、まだ「自己ならざるもの」とすらいえない。だから、自己と自己ならざるものとの両者は、いわば同時に成立する。西田幾多郎の有名な「世界が自覚する時、我々の自己が自覚する。我々の自己が自覚する時、世界が自覚する」は、この点を指している。

　自己と自己ならざるものの成立が同時であるということは、同時にこの両者を自らの中から成立せしめるなにものかがあるということである。自己が自己ならざるものを生ぜしめるのでも、自己ならざるものが自己を生ぜしめるのでもない。自己が自己ならざるものに出会った、まさにその時に、ぱっと火花が飛散るように、自己と自己ならざるものとがなにかから生じる。その一瞬、自己は自己ならざるものを認めて、自己を自覚する。その一瞬、自己ならざるものは、自己から区別されて自己ならざるものとして認められる。そこで、個人と個人との肉体的区別とは違った意味での、人格的区別が成立する。個人が真に人格としての個人となる。個人とは、このなにかが、自己と自己ならざるものとの出会いを機縁にして分れて生じて来たものである。このなにかが個人以前にある。

　このなにかとは、もちろん実体を持たないものである。しかし、実体を持つものだけが実在するものではない。物理学の世界においてさえ、実体を持たないエネルギーとか力とかが実在として認められなくてはならないように、人格の世界においても、このような実体を持たないなにかの実在は認められなくてはならぬ。

エネルギーとは何か、力とは何かを、他の物体的概念を借りることなく直接に言い表わすことが不可能であるのと同様に、このなにかをそれとして名指し、他の実体的概念を借りずに直接に言い表わすことも不可能である。言葉とは、残念ながらそういうものである。私はさしあたってこのなにかを、「人と人との間」という言い方で言い表わしておこうと思う。もちろんこれは、人と人とがすでに独立の個人として向い合っている、その二人の間の関係のようなものを指しているのではない。自己と自己ならざるもの、私と汝、個人と個人がそこから同時に成立する、このなにかのある場所は、いわば人と人との間なのであるから、仮りにこう呼んでおくだけのことにすぎない。

この「人と人との間」は、現在いまここである個人がそこから成立してくるところのなにかの場所であるだけではない。このなにかとは、肉体として存在する人間を離れたものであり、特定のこの人間、あの人間についてそれぞれ存在しているようなものではない。エネルギーや力が、宇宙に遍在しているものと考えられるのと同じように、このなにかも、どこにでも、いつでもあるものと考えなくてはならない。それはいわば、人間が発生して以来、あるいはむしろそれ以前から、絶えずありつづけたもの、今後も絶えずありつづけるであろうものである。

人間の世代というものも、単に親の身体から子の身体が発生するというような、生物学的過程だけでは済まされぬものを含んでいる。親が親であり、子が子であるのも、今いったこのなにかの媒介を経、このなにかに触発されてのことにほかならない。世代から世代への繋がりというようなものは、結局のところこのなにかの、つまり人と人との間の自己発展として考える以外にない。細胞から細胞へ、身体から身体への発生過程は、この人と人との間の歴史的な発展の一つの可視的な表現形態にすぎない。世代関係におけるおのおのの個体を連続した点の集合に譬えてみるならば、この集合の背後には、一つの方程式のようなものがあってこの集合を成立させている。おのおのの点的個体は、この方程式を可視的に代表する物質的形態だということになる。この方程式に相当するものを、私は人と人との間と呼んでみたのである。

この人と人との間にあるなにかを物理学的なエネルギーや力に譬え、世代の繋がりをそれの自己発展と考える場合、そこには当然ベルグソンのいわゆるエラン・ヴィタール、すなわち生命のほとばしりという考え方に非常に近いものが出てくる。ベルグソンにとって生命とは、生物の共通の性質と考えられるような一般的、抽象的なものではなく、個々の生物体よりもなおいっそう実在的な、具体的な力であった。世代というのはこの生命の力そのものの流れなのであって、個々の有機体は、この流れの媒介をつとめる「連結符」のごときものなのである。

私が人と人との間のなにものかと呼んでいるものも、つきつめればベルグソンのいうような生命のほとばしりのようなものだということになるだろう。しかしベルグソンがこの生命力を、人間に限らず生きとし生けるすべての生物が、それの自己実現であるようなきわめて実在的、具体的ではあっても、なお無記名、無差別のエネルギーと考えていたのに対して、私のいう人と人との間は、当然のこととして、名前を持ち人格を持った個人としての人間の関与をまってはじめて実現されるようなものである。それは個人以前のものであるとはいえ、また超個人的、遍在的のものであるとはいえ、それが現実に実現されるためには個人の関与を必要とするし、この関与の仕方いかんによって実現のされ方もおのずと変ってくるようなものである。

　そこで、さきに「われわれ日本人」という場合の「われわれ」の血縁史的アイデンティティーといったものをもうすこし詳しく規定しておくならば、それはこのような個人以前のなにものかである人と人との間の自己実現の仕方の同一性、言いかえれば日本人が世代から世代へと受け継いで来た、このなにものかへの関与の仕方の同一性ということになるだろう。そして、このなにものかは今もいったように、窮極的には生命力のようなものであるところから、このアイデンティティーはまた、日本人的な「生き方」の同一性ということにもなってくる。さらに、人間が生きるという場合にはつねに自然とのかかわり合いが問題になってくるのであるし、生きるということ自体が自然の営みに他ならないのであるから、これはまた、自然との関係の同一性でもあり、人間との関係において捉えられた自然の、すなわち風土の同一性でもある。

これで、本書においてさまざまの角度から日本人の人間性に関する諸問題を論じるに当っての、出発点となる基本的地平が開かれたことになる。それは一つには人と人との間という観点であり、いま一つは人間と自然との出会いの場としての風土という観点である。そして、いうまでもないことだが、この二つは窮極的には同じ一つの事態を指していることになる。個人を動かしている心理だとか、個人の集合である社会構造だとか、文化形態だとかをそのまま出発点にとることをやめて、個人がそこから個人になってくるところの源泉に絶えず立ち戻ることによって、この源泉において自らを「われわれ日本人」としてアイデンティファイしている日本人の人間性を統一的に考えてみようとするのが、本書の意図である。

第二章　日本人とメランコリー

メランコリーとは、いうまでもなく、憂鬱を主な特徴とする精神病理的な状態である。メランコリーの精神医学的な説明は、ここではいっさい省略する。躁鬱病という精神病に属する鬱病像も――精神医学的にはいろいろ複雑な問題があるけれども――ここでは一応、メランコリーのうちに含めて考えてもさしつかえないことにしておく。さらに、ここではメランコリーということを、狭い意味での精神疾患としての憂鬱病像には限らないで用いることにしたい。人間は誰しも、それなりの原因があれば憂鬱になり、メランコリックになるものである。どんなことが起こってもメランコリーに陥らぬような人があったとしたら、それこそ大変に重症の異常人間だといってよいだろう。

医学的な意味でのメランコリーの原因論には立ち入らないことにして、人間がメランコリーに陥るのは、きまって或る一定の心理的状況に置かれた場合にであって、この心理的状況というのは、公式的に表わすと「取り返しがつかない」事態として規定することができるようである。

例えば、私が誰かから貴重な本を借りて、それをどこかへ失くしてしまったとする。それがめったに入手しにくい本であれば、私はそれだけいっそう重苦しいメランコリーの気分を味わうことになる。これはまさに、「取り返しのつかない」事態以外のなにものでもない。しかし、もしもその本が偶然に見つかったり、幸いにどこかの本屋で同じ本が見つかって返却することができることになれば、この「取り返しのつかない」事態は解消して、私もメランコリーから解放されることになる。

この「取り返しのつかない」事態としては、右のような自分の過失によるものだけではなく、娘を嫁に出した後で親の味わう虚脱感のように、当然の成行きからそうなるもの、肉親を病気や事故で失くした人の悲嘆のように、いわば不可抗力的な事態からそうなるもの、入学試験場での悲惨な緊張感のように、すでに起きてしまった事態ではなく、これから起ころうとする「取り返しのつかぬ」事態についての不安からそうなるもの、それからさらに、急に転任が決って職場が変り、何となく仕事が手につかない空しさのように、一体何が失われ、「取り返しがつかない」のかが当人自身にもはっきりしていないものなどもある。この最後の例についていえば、実はそれは、慣れ親しんだ職場と同僚から離れて、その間に身についていた漠然とした形のない「親しさ」のようなものが失われて、それが「取り返しがつかない」ためのメランコリーである場合が多い。

このようなメランコリーは、もちろん世界中のどんな国にも、どんな民族にも存在する。人間がものを所有するということがあるかぎり、それが、取り返しのつかぬ仕方で失われるということも、必定のことだからである。しかし世界の諸民族のうちでも、日本人は欧米の文明諸国の国民と並んで、このような喪失感をはっきりとしたメランコリーとして体験する能力の最も高い民族だといえるようである。そして、日本人におけるメランコリーの様相を欧米人のそれと比較してみるとき、そこには非常にはっきりとした日本的特徴を見てとることができる。しかもこの日本的特徴は、前章で取り出しておいた「人と人との間」という観点から見た場合に、最も明確に捉えられるもののようである。

しかしこの問題にはいる前に、まず日本人が欧米人と同様に、あるいはそれ以上にメランコリー親和的であるという事実について簡単に述べておきたい。そしてその後に、日本的な義理・人情の精神構造とメランコリーとの関連や、メランコリーの状態において問題になってくる罪や恥の現象を「人と人との間」という観点から立ち入って考察してみたいと思う。

1　日本人のメランコリー親和性

右に、メランコリーという状態は、なにか取り返しのつかないような事態が生じた時には誰でも陥ることのある心的な状態だ、といった。しかし、メランコリーの状態に陥る、陥りやすさというものは、個人個人によってかなり相違がある。つまり、ほんのちょっとした過失でもくよくよと考え込んでしまう人から、かなりの失敗をおかしても平気でいられる人まで、また一度メランコリーの状態になるとなかなかそこから抜け出せなくて、何週間も何カ月間も鬱々とした日を過ごす人から、一晩寝ればさっぱりとして元気を取り戻せる人まで、個人差の幅は非常に広い。

そこで、特別にメランコリーになりやすく、それも重いメランコリーに陥りやすい人を、「メランコリー親和型」の人と呼んでおこう。この名称は、実はドイツの精神病理学者のフーバート・テレンバッハがつけたものであるが、テレンバッハによると、このメランコリー親和型の人には一つの共通した人柄の特徴がある。つまりそれは、日常生活の面でも、仕事の面でも、対人関係の面でも、秩序を重んじ、几帳面で義務感と責任感が強く、特に他人に対して非常に気をつかう、といった特徴である。俗にいう苦労性の人、律義な人というのがちょうどこのタイプの人に当るだろう。

こういうタイプの人が、なぜメランコリーになりやすいかというと、単に彼らが、取り返しのつかない事態に人一倍深刻に悩むタイプだから、というだけではない。なによりもまず、こういった律義で苦労性といわれる気質そのものが、元来、「取り返しのつかぬ」状況を極度に恐れ、このような状況を可能な限り防止することに全力を尽す性格をさしていわれるものであるからである。やや循環論法めくが、取り返しのつかぬ事態が到来しないように万全の対策を立てている性格の人が、いざ取り返しのつかぬ事態に当面した時のショックは、人一倍大きいはずである。メランコリー親和型の人というのは、いわば本能的に、自分がメランコリーに弱いということを識《し》っている人だといえる。

さて、この律義、苦労性、几帳面、そのほかにも、馬鹿正直、融通がきかない、などという表現は、日本語としては誰にでもすぐ理解できる日常用語である。しかし欧米の言葉に、これを的確に表現できる単語を探してみても、なかなかこれといったものが見つからない。土居健郎氏をはじめとして、翻訳困難な日本語独得の言い廻しの中に、日本的な心性の表現を見出すというやり方は、現在流行の手法のようだが、この論法でいくと、メランコリー親和型の人柄を表わす言葉は、日本語の中には特に豊富であり、日本人は欧米人とくらべてすらメランコリーとのより大きな親和性をもった民族だ、ということになるだろう。

ところが、私が実際にドイツのミュンヘン大学とハイデルベルグ大学の精神科と、日本の京都大学の精神科との入院患者を対象にして調べた統計では、精神科を受診する程度に重症とみなされるメランコリーの数は、案外と日本の方がすくない。例えば、一九六二年のミュンヘン大学精神科総入院患者数三〇四六名中のメランコリー患者数は四六一名で、一五・一パーセント、やや古いが一九四六年から五四年までの九年間のハイデルベルグ大学精神科総入院患者数一万九九七四名中のメランコリー患者数は三四七八名で、一七・五パーセントであったのに対して、一九五九年から六二年までの四年間の京都大学精神科総入院患者数九九二名中のメランコリー患者数は一一〇名、一一・一パーセントにすぎない。一五・一パーセントや一七・五パーセントと、一一・一パーセントとでは大差ないと思われるかも知れないが、これは、実際には約三倍近い比率を示している。というのは、ミュンヘン大学およびこの調査当時のハイデルベルグ大学では、精神科と神経科がまだ分離しておらず、精神病とは関係のない器質性の神経疾患患者がこの総入院数の約半数を占めると考えなくてはならないのに対して、京都大学の精神科の方は、ほとんど全部の入院患者が精神疾患で占められているからである。

いま、精神分裂病の発生頻度を、かりに日本とドイツで同一であると仮定して（この仮定は、多くの研究によって、ほとんど間違いないと思われる）総入院患者の中の精神分裂病患者数とメランコリー患者数とで比較をとってみると、ミュンヘンとハイデルベルグでは両者がほぼ同数であるのに対して、京都では分裂病患者がメランコリー患者の約四倍の値を示している。逆にいうと、この方法で比較した場合には、京都大学のメランコリー患者数は、ドイツの大学のそれの四分の一しかない、ということになる。

日独の代表的な大学病院での統計が、経験的な予想とはまったく逆の結果をはじき出したということは、どのように解釈すればよいのだろうか。やや逆説めくが、私はこの矛盾した結果そのものの中に、かえって日本人の根本的なメランコリー親和性が現われているのではないかと思っている。しかし、その問題に立ち入る前に、このような統計的結果を生み出したいくつかの人為的な要因について述べておかないと、慎重さを欠くという非難をうけるおそれがあるだろう。

一般に、メランコリーというような心理的現象を対象にして、統計に頼ってものを言うということには、いつも大変に大きな危険が伴っている。最も根本的な問題としては、このような統計は、誰かによってメランコリーと診断された患者の数を集計することから出発するのであるから、この診断そのものにまつわる誤差ということが考えられなくてはならない。診断上の誤差と言っても、それはただちにいわゆる「誤診」の意味ではない。専門外の読者には不可解なことと思われるかもしれないが、精神医学においては個々の医者あるいは個々の学派によって、同一患者についての診断名が違うということは、むしろ当然のことなのである。つまり「診断基準」といわれるものが、けっして普遍的な妥当性を有していない。だから、前記のミュンヘン大学、ハイデルベルグ大学、京都大学の精神科は、それぞれに異なった診断基準に基づいてメランコリーの診断を下していたわけであり、それぞれの母集団そのものが、厳密な意味では比較不可能といわねばならないのである。

第二に、メランコリーの罹病率の性差の問題もからんでくる。一般に、メランコリーが女性に多い病気だということは定説になっていて、その男女比は多くの学者によって一対三ないし極端な人は一対七というような数値が出されている。これがどう統計に反映してくるかというと、ミュンヘンとハイデルベルグの精神科が男女ほぼ同数の病床を持っているのに対して、京都大学精神科の調査当時の病床数は男七四対女五三で、約三対二の割で男の方が多い。この事情は当然メランコリー患者数の上にも影響するだろう。

メランコリーが女性に多いことと関連してもう一つ考えておかねばならぬことは、日本における女性の就職率の低さから来る健康保険利用の可能性の低さ、それに女性の社会的地位の低さなどがからんで、軽症のメランコリーで入院治療を受けられる可能性が男に較べて低いという事情である。このような要因は実際に証明することは困難なことではあるけれども、現実にはかなり重大な要因をなしているものと推定される。

次に問題になるのは、都市人口に対する大学病院の病床数の比率の差だろう。ほぼ同じ人口を有する京都とミュンヘンのそれぞれの大学の精神科が一年間に入院させた患者数を較べると、九九二名と三〇四六名、つまり約三倍の違いがあることになる。病床数が少ないということは、社会的な見地から見て入院治療の必要度の高い精神分裂病などの患者に較べて、外見上大した異常を示さないメランコリー患者には入院の機会が与えられにくいということを意味するだろう（ただし、もっと小規模で開放病棟を主にしている精神科においては、この関係は逆になる）。

以上のことだけを見ても、日本と欧米との大学病院の入院患者を対象にしてメランコリーの頻度を比較するということが、いかに無意味であり危険ですらあることがわかる。ところが、ここへさらにもう一つの、われわれにとって決定的に重要な要因が加わってくる。或る人が精神的な病気で精神科医のもとで診断を受けることになるまでの道筋を分析してみると、そこには専門医学的な診断以前にいくつかの複雑な段階が認められる。その人はまず、自分自身で病気だということに気がつくか、あるいは周囲の人、主として家族がそのことに気づいて、彼を医者にみせようという決心がなされなくてはならない。これを家庭内、もしくは前医学的《プレメディカル》な診断と呼んでおこう。身体の病気であるならば、患者はこの段階ですぐに専門の医者のもとを訪れる可能性が強いだろう。しかし、メランコリーのような精神的な病気の場合には、特に大都市以外の地方では、そのように直接に専門医を訪れるというケースはかなり少なくなる。特に、メランコリーの状態に際しては、本来の精神症状以外に種々の身体的違和感を伴っているのがふつうであるから、患者がまずもって手近な内科医などを訪れて、身体的異常を訴えるということになる場合が多い。そしてこの段階で、その内科医などが、患者の病気の本態が精神的なものだということを的確に見抜いた時にはじめて、患者は専門の精神科医のもとへ送られて来るということになる。しかし多くの場合、患者はこの段階で、はっきりしない身体の病気ということで片付けられてしまって、精神科医のところまでやって来ない。この、いわば前精神医学的《プレサイカイアトリック》な診断の段階において、多くのメランコリー患者がふるいから洩れて、身体疾患として扱われてしまうことになるのである。

この前医学的《プレメディカル》、および前精神医学的《プレサイカイアトリック》な診断の段階で、メランコリーがどの程度、精神医学的な対象として的確に把握され、専門の精神科医の手に委ねられることになるか、この可能性は、患者やその周囲の人達が、もっと拡げていえばその国の国民が、メランコリーという状態をどの程度まで、病的で、医学的治療の必要があり、医学的に治療可能な状態とみなしているかの度合いと、密接に関連してくる。メランコリーを病的な状態とみなす意識が低ければ、つまり逆に言うとメランコリーに対する社会的認容度が高ければ、それだけ多くのメランコリーが、プレメディカル、プレサイカイアトリックな診断の段階でふるいの目から洩れて、精神科医のところまで到達しないということになる。

日本人が欧米人に較べてさえメランコリー親和性がすぐれて高く、メランコリーという心的状態を日常的な心理の範囲内に位置づけようとする傾向が強いとするならば、これは当然メランコリーを病的なものとみなす意識の低さ、つまり社会の側のメランコリーに対する認容度の高さに反映し、メランコリーが病気として専門的治療の対象になる率がそれだけ低下する。統計的操作に付随する誤差の発生要因もさることながら、日本の精神科病棟におけるメランコリー患者数が予想外に少ないことの背後には、むしろこのようなメランコリー親和性が隠されているのではないだろうか。

そこで、日本人がメランコリーをいかに病的とみなしたがらないかということを、やはり日本語の用法についてもう少し考えてみる。金田一春彦氏は『日本語』（岩波新書）の中で南博氏の説を引いて、日本語には「幸福」「しあわせ」「幸甚」などの語は語彙数も使用度数も少ないのに、反対の「悲哀」「不幸」「苦労」「難儀」の類が、悲シイ・アワレナ・サビシイ・セツナイなどとともに多く使われ、古語を見ても、アジキナシ・アサマシ・ワビシ・ココロヅキナシ・アイナシ・ワリナシなどの悲観的な意味をもつ形容詞はおびただしい数にのぼる、と述べている。これらの語彙はすべて、メランコリーの心的状態を言い表わすために存在するようなものばかりといってよい。語彙が豊富で、使用頻度が高いということは、要するにこのような語彙で表出しなくてはならないような事態が、頻度から言っても多く、また言語的表出を必要とするほど印象深く、しかもさまざまなニュアンスの言葉の使い分けが可能になるほどきめ細やかに体験される、ということである。日本人にとってメランコリーの心情とは、まさにそういうものであるはずである。

それだけではない。大野晋氏は『日本語の年輪』（新潮文庫）の中で、日本語特有の表現を、美、祈りと願い、尊敬の論理、愛するもの、不愉快な感情、その他のカテゴリーに分けて説明しているが、「不愉快な感情」の中に「あじきない」「すさまじい」などがカテゴライズされていることはよいとして、「さびしい」が美の範疇に、「かなしい」が愛の範疇に入れられていることは、日本的心情に独得のことであるといえる。

「さびしい」およびこれと連関する「さび」と「わび」、さらに日本的無常観の強く出ている「あわれ」や「はかない」が、日本人の美的体験といかに密接に結びついているかは、多くの学者の語っているところであって、ここで一々例証を挙げる必要もないだろう。また、「かなしい」が愛の表現として用いられる由来については、上記の大野氏の他にも、飯泉六郎氏編の『喜怒哀楽語辞典』（東京堂出版）の「かなし」（愛し・悲し）の項に詳しい。『大言海』にも、「かなし」は「身ニ染ミテ、切ニ思フ意ヲ云フ語。イトホシ。イトシ。」とあって、「沖縄ニテハ今モ、可愛《カハユ》しヲ、かなしト云フ」という註がついている。

ただし、このようなメランコリーに通じる寂寥、無常、悲哀の感情を、美しいと感じ、愛で、いつくしむ心情が、日本人にまったく特有のものであって、欧米にはその類を見ない、というような独断は避けねばならぬ。例えばホイジンガ（『中世の秋』、兼岩正夫・里見元一郎訳、創文社、角川文庫）によると、西洋の中世末期には、生活の基調はきびしい憂鬱であった。一四〇〇年頃のフランスやブルゴーニュ地方の人々は、未だに人生やその時代に真向うから非難を浴せかけることを好んでいた。当時の詩人たちは、世界の老衰を歎き平和と正義に絶望し、すべて良きものはこの世を捨て去ったという歎声をはてしなく繰返した詩を多数残しているという。

しかし、この時代の悲歎と厭世は、結局のところ、求めて得られぬ「美しい生活への憧れ」としてのそれであった。憂愁と悲哀そのものが美として愛でられていたのではないようである。ところが近代になると、西洋の文学においても、不安、凋落、寂寥、孤独そのものが、美や愛や祈りの対象として歌いあげられるようになるし、キルケゴールに始った実存哲学の思想系譜においては、不安、無、死などが、積極的な実存的自覚の契機として、絶えず繰返し登場してくる。

ただなんといっても、日本人のメランコリー観を西欧のそれから区別する大きな特徴は、日本においては、特別な詩人や思想家の登場をまつことなく、いわば自然的、自生的に、悲哀や寂寥が美につながっているという趣を有する点にある。西洋の歌などによく出てくるように、陰鬱で感傷的な風情に恋人への切々たる思慕の念が託される、というのとは違う。「み渡せば花も紅葉《もみじ》もなかりけり浦の苫屋《とまや》の秋の夕ぐれ」が、夕ぐれそのものとして、花ももみぢもなかりけり、というままのこととして、美を感じさせ、歌になる。自然そのままがはかなく、かなしいのであって、それでいてそれが自然そのままであるからこそ美しい、というところがある。

日本人のメランコリーに対する一種の審美的態度には、そういった自然そのままを肯定する、といった傾向が伴っている。心の動きを動くがままに動かせて、その動きに身を任せ切っている状態が、美しいとされる。このような傾向の底には、自然も人の世も、それ自体うつろいやすいもの、はかり知ることのできぬものであって、これに対して我を張り我を通すことなく、「身を捨ててこそ浮ぶ瀬もあれ」という、日本人の古来の一種の処世術のようなものが流れ続けているのではないか、と私は思う。このことについては、後でもう一度考えてみることにしたい。

2　義理と人情の精神病理

さきに、メランコリーにかかりやすい、いわゆる「メランコリー親和型」の人というのは、日常生活の面でも、仕事の面でも、対人関係の面でも、秩序を重んじ、几帳面で、義務感と責任感が強く、特に他人に対して非常に気をつかう、俗に言う苦労性の人、律義な人だ、ということを述べておいた。日常生活とか仕事の面といっても、それは結局のところ家族や同僚、仕事の注文主といった人物との関係が問題になるのであるから、これを一言で言ってしまえば、対人面での律義さ、ということに尽きるのではないかと思う。

さてこの律義とは、「義理がたいこと」(『広辞苑』)、「義理ヲヨク守ルコト」(『大言海』)の意であって、ここで私たちは、日本人の対人関係のキーポイントとも言うべき「義理」およびそれと表裏一体をなしている「人情」の概念を問題にしなければならなくなる。実際にまた、日本人のメランコリー親和性や、日本人のメランコリーを西洋人のそれと比較してみた場合の特徴は、この義理と人情の概念を抜きにしては語ることができない。

上述の「メランコリー親和型」という人間のタイプを記述したテレンバッハは、これを主として対人的な几帳面さ、義務・責任感の面から捉えている。これをいま、日本的な律義さや義理がたさという言葉で置きかえてみた場合、そこにどのようなニュアンスの相違が生まれるか、これが実際の西洋人と日本人のメランコリー患者の体験にどのように反映されるかを調べてみることが当面の私たちの課題である。

「義理」という概念について、ルース・ベネディクトは、「人類学者が世界の文化のうちに見出す、あらゆる風変りな道徳的義務の範疇の中でも、最も珍らしいものの一つである」と言っている(『菊と刀』、長谷川松治訳、現代教養文庫、講談社学術文庫)。「義理」は確かに外国人にとって、最も理解しにくい日本語の一つだろう。しかし日本人にとっても、これはなかなか定義の困難な、実態の把握しにくい概念である。広辞苑によると、義理とは「一、正しい道筋。人のふみ行うべき道。二、人が他に対し交際上のいろいろな関係から務めねばならぬ道。体面。面目。情誼。三、わけ。意味。四、血族でないものが血族と同じ関係を結ぶこと。」などの意味を持っている。この言葉の意味を複雑なものにしているのは、このうちの「二」の意味である。正しい道筋、人のふみ行うべき道が、どうして体面、面目、情誼ということになるのか。

『義理と人情』(中公新書)の著者、源了圓氏は、義理の原初的形態として、一、好意に対する返しとしての義理、二、信頼に対する呼応としての義理、三、自己の体面を保持し、他人によって非難されたり、自分の名が汚されたりすることを欲しない念慮としての義理、あるいは意地としての義理、の三つを挙げている。そして、義理においては、自己の名誉の意識と世間的念慮とは未分化の状態にある、と言う。

私は、実はこの最後の点が、つまり義理における自己意識と世間的配慮の未分化という点が、義理というものを理解する上に重要であると思う。この点を念頭に置きさえすれば、義理を西洋の義務や責任の概念と、割合に近づけて考えることができる、というよりも、日本的な義理と、西洋的な義務・責任との間に、パラレルな形式的対応を見出すことができるからである。

ドイツ語の代表的な辞典の一つである Sander-Wülfing : Handwörterbuch der Deutschen Sprache (1912) で「義務」Pflicht の項を引いてみると、一、人がそれをなすべく拘束されていること、また、人をそのことへと拘束するもの（債務、責務など）。さらに、(a) 人が誰かに対して果すべく拘束されている特定の仕事や贈与、およびそれに対する拘束性、例えば貢租、利息。また、道徳的な責務と責任。(b) 人が誰かとの間に結ぶ役務と従属の関係、またその際になされる誓言、誓約、忠誠、（「二」以下は別義）とある。

ここで問題になるのは、この「拘束」あるいは「拘束性」(Verbindlichkeit) がどこから出て来るか、拘束する主体は誰か、ということである。それは、さしあたってはもちろん「道徳」といえるだろうけれども、西洋キリスト教国の場合、最終的には結局「神」ということに落着かざるをえないのではないか。カントにとって、義務は、倫理学の根本概念であった（『実践理性批判』）。彼は義務を、行為に道徳的価値を与える、唯一のものであるところの道徳的意志の動機をなすものと考える。道徳的意志は、道徳律への尊敬と、道徳律への服従において成り立っている。義務の根源は、したがって同時に、道徳律が可能となる根拠でもある。それは人を感性的な自己を超えて高めるもの、すなわち本来的自己としての人格性である。そして、道徳的実践はその窮極において、「あらゆる義務を神の命令として認識すること、即ち宗教へ」と導かれる。

この窮極的な命令者、義務に強制力、拘束力を与える主体としての「神」を、いま「人と人との間」という言葉で置きかえてみるとどうなるか。あらゆる「義務」は、人と人との間からの拘束性として認識されることになり、この間が「道徳」律を可能ならしめる根拠となり、この間に基づいた「道徳」律に対する尊敬と服従において成り立つ「道徳」意志の動機となるものが、「義務」だということになる。このように変更を加えられた「義務」は、そっくりそのまま、日本の「義理」に相当する、と言えないだろうか。ことのついでに、この「　」に入れた「道徳」の語を、「人情」の語で置きかえてみるとよい。全体の文脈が、もっとすっきりわかりやすくなるだろう。

つまり、私の言いたいのはこういうことである。西洋における義務や道徳の拘束力の主体となっている「神」という絶対者から神性を奪って、これを人の頭上高くにかかげるのではなく、人と人との間という水平面にまで下してみるならば、西洋の義務と道徳の概念は、そっくりそのまま、日本の義理と人情の概念でもって置きかえることができる。

義理と人情というのは、このように人と人との間ということを最高律法者とするような、義務と道徳なのである。義理の概念を、西洋的思考法にとってわかりにくいものにしていた、体面、面目、情誼という意味、すなわち源了圓氏のいう「自己の体面を保持し、他人によって非難されたり、自分の名が汚されたりすることを欲しない念慮としての義理、あるいは意地としての義理」は、要するにこの間のその当人にとってかけがえのない様相に対する誓いや忠誠の義務に相当している。好意に対する返しとしての義理も、信頼に対する呼応としての義理も、この義理の拘束力の主体が人と人との間にある場合にのみ、意味のあるものとなる。

これに対して、人情とは人の情である。源了圓氏は、本居宣長の「情ハモノニ感シテ慨歎スルモノ也」、「すべて世中にいきとしいける物はみな情《こころ》あり。情あれば。物にふれて必おもふ事あり。……其中にも人はことに万《よろず》の物よりすぐれて。おもふ事もしげく深し。……その思ふ事のしげく深きはなにゆへぞといへば、物のあはれをしる也」などの文章を引用して、物のあはれとは、⑴物や事の心をわきまえ知る、⑵わきまえ知って、それぞれの物や事に応じて感ずる、という二面より成り、「美にして善なるもの」という意味合いを持っているものとする。情が、物や事に触れて感動することによって生まれたのが「物のあはれ」であるとすれば、情は、他者に向かって発動することにおいて「情け」となる。そこでは情は人や物への共感となる。情は、いわゆる道徳的善でもないが、反道徳的なものでもない。むしろそれは善悪の彼岸にあり、いわゆる道徳の地平よりより根源的な、美と善が分化する以前の世界である、と同氏はいう。しかし私は、人の情としての人情は、それ自体やはり道徳的な機能を果しうるものと思う。ただ、先にも述べたように、この場合の道徳律の窮極的主体が神にではなく、人と人との間に置かれている点を考慮に入れるならば、のことである。イザヤ・ベンダサンが「日本教」の基本理念を人情味、として押えたのも、この人情の一種道徳的な機能に着目してのことではなかっただろうか。

義理と人情との関係について、もう一言つけ加えておくならば、義理を一種の義務と解し、人情を一種の道徳と解する立場に立てば、ふつうによく言われる「義理と人情の板ばさみ」という表現には、矛盾が含まれることになる。近松文学における義理人情の葛藤について、源了圓氏も、それが義理人情の葛藤としてではなく、義理と義理との葛藤、その裏返しとしての情と情との葛藤という仕方で展開されることが多い、と述べているが、それが正しい見方なのだと思う。義理（A）と人情（B）との板ばさみ、というのは、実はAという義務を生ぜしめる道徳（例えば忠）と、Bという道徳（例えば孝）から生じる義務との葛藤のことなのであって、そこで「忠ならんと欲すれば孝ならず、孝ならんと欲すれば忠ならず」という事態が生じるのである。

さて、もう一度メランコリーの問題にもどろう。メランコリーにかかりやすい「メランコリー親和型」の人とは、西洋風に言うと、几帳面で義務・責任感の強い人、日本風に言う律義で義理堅い人である。ところが、このようなタイプの人が、当然のこととして、西洋風に言って道徳的な、日本風に言って人情のこまやかな人かというと、どうも実際にはそうではない。私の治療したあるメランコリー患者は、周囲の人からはまことに義理堅く律義な人とみられていたけれども、自分では自分のことを「えせ君子です」と言っていたが、どうもこの種の「えせ君子」、「えせ道徳家」が、メランコリー親和型の人には多いようである。そして、このあたりにメランコリーという病的な現象の実態がひそんでいるのかもしれない。

前述のテレンバッハも、メランコリー親和型の人というのは、自己が負い目を負わされるような状況に陥ることを極度に恐れるような人だ、と言っている。そのような人は、自分が良心の呵責に苦しむことのないように、という配慮から、つねになすべきことをなし、守るべき秩序を守り、果すべき義務を果しているような人である。彼らの「義務」は、道徳律への尊敬と服従において果されるのではなく、むしろ道徳律の眼を盗むために、いわば「不本意ながら」果されている。

これを日本風に言いかえるとどうなるか。日本におけるメランコリー親和型の人は、人前での体面を傷つけられるような状況に陥ることを、あるいは対人関係における負い目を負わされるような立場に立つことを極度に恐れるような人である。このような人が他人のために尽し、他人の義理を欠かないように心掛けるのは、真の人情からではない。それはむしろ、人情にからまれることのないように、人非人という非難を受けることのないように、という配慮から出た、いわば不人情な律義さである。このような人たちは、実際にまた、自分にとって義理のある相手に対しては「誠心誠意」を示すのにやぶさかでないが、まったく義理のない相手に対しては、驚くべく冷淡である。このことは、私たち医者との付合い方によく現われている。精神病の患者の中には、治療中に作り上げられた医者との間の人間関係を、治療の終了後もずっと保ちつづけ、いつも懐しさの情を向けてくれる人も多いのに、メランコリーの患者は大体において、治療中は医者に対して精一杯の義理堅さを示すのに、治療が終ると同時にまったくの他人に戻ってしまう。治療中に私たちが感じとった、一見きわめてこまやかな人間的信頼関係は、跡形もなく消え失せてしまうことが多いのである。

しかし、ふつうに言われている義理と人情にも、多くの場合、そういった反面が見出されはしないだろうか。西洋風の義務と道徳にしても同じことである。義務に忠実で責任感の強い人のうちで、果して真に利己心を離れて、純粋に道徳律の命ずるがままに、あるいは純粋に神への信仰において、義務と責任を果している人が何人あるだろう。西洋の場合には、自己自身の内面における良心とか、個人個人が自己の頭上にかかげている神とかとの関係であるから、真の道徳心と似而非の道徳心との区別が曖昧になる嫌いがある。しかし、日本の場合、最高律法者が人と人との間というようなものであってみれば、利己的な義理と真に人情に裏打ちされた義理との差別はかなりはっきりしてこよう。そして、ふつうに通用している言葉づかいから見ても、義理と人情とは必ずしも一致していない場合が圧倒的に多いのではないのだろうか。そしてそこには、いろいろな意味での利害関係が、しつこくまつわりついてくる。

ここで、このような義理と人情の問題がかなり著明に前景に出ている一人のメランコリー患者の例をあげて、この節のしめくくりとしておこう。

＊　＊　＊

患者は四一歳の非常に知的な女性である。少女時代から、誰からも好かれる明朗な性格で、誰とでもわけへだてなくつきあって、幸福な人生を送って来た。しかし、自分自身の内心では、時としてひどく取越苦労をして、辛い思いをするようなこともあったという。二つ年下の夫と、熱烈な恋愛の末に結婚して二人の子供をもうけ、夫との間も家庭全体も、しごく円満であった。夫の収入も良く、中流以上の恵まれた暮しに、すっかり満足していたという。

ところが、結婚後一八年もたってから、夫には数年前から愛人があって、夫はこの愛人をアパートに住まわせ、子供まで出来ているということが判明した。彼女には、この事実はまさに青天の霹靂であった。しかし、彼女はまず、なんとかして事態を円満に解決しようとして、いろいろ対策を考える。夫と別れた後の愛人の生活のことを心配し、彼女が独立して生計を立てて行けるようにと、就職先を世話してやる。夫との間に出来た子供は自分の手許にひきとって、自分自身の二人の子供よりも大事にして育て始める。

この赤ん坊のために、自分の子供たちがすでに大きくなって落着いた毎日が送れるようになっていた彼女の生活は、一度に調子が狂ってしまうことになった。赤ん坊に手を取られて、自分の子供たちを放ったらかしにしていることにも気がとがめる。自然、夫に対して言いたくもない愚痴ばかりを言うようになって、夫との間がだんだん気まずくなってくる。そして遂に、最初は考えもしなかった、夫との離婚という方向へと事態が動いていって、彼女は自分の二人の子供を連れて実家に戻ることになる。

彼女は一方では、夫が考え直してくれて、離婚話を解消し、自分のところへ戻って来るようにという手紙をよこすだろう、という希望を抱きながら、とりあえず彼女自身と子供との新しい人生の設計をも心に描く。当時の彼女は、非常に張り切った意気込みで、あちこちの縁故を頼って自分の就職先を探していた。

やがて、彼女の妹の夫の紹介で、或る大きな商事会社への就職がきまる。最初、彼女はそれを非常に喜んでいたが、ふと、自分はソロバンもできないのに商事会社での仕事が勤まるだろうか、仕事が十分にできないようだと、頼んでくれた妹婿の顔をつぶすことになるのではないか、という自信のない気持ちが強くなり、せっかく決っていたこの話を断ってしまう。この商事会社への就職をあきらめた後、彼女の張りつめていた気分がゆるんでしまい、それ以後はおおむね「鬱々として喜ばず」の日が続いていたという。しかしそれでも、彼女は他人にはけっして不愉快な顔を見せず、なんとか外面をつくろっていたために、周囲の人はこの時期にはまだまったく気づいていない。

ちょうどそのころ、もう一人別の妹婿が近郊の或る町の町会議員に立候補し、ちょうど仕事もなく遊んでいた彼女が選挙事務所の手伝いを頼まれる。彼女に与えられた仕事は、選挙運動用のハガキの宛名書きであった。ところが、名簿の中には難しい地名の宛名がぎっしりと記入されていて、彼女は、ハガキの宛名に書き損じがあっては有権者に失礼になり、票にもひびいてくると考えて、気が重くなる。心はあせっても筆は進まず、一晩がんばっても約束の半分も書き上げることができず、彼女は強い自責感を抱いてしまう。

別居していた夫から、まったく事務的な文章で、協議離婚が成立した旨の通知があったのは、その翌日のことであった。彼女はいっぺんにがっくりときてしまい、先のことはまったく考えられなくなり、気力がすっかり消え失せて考えがまとまらず、夜は一睡もできない。

翌々日、極度の疲労感から選挙事務所への出勤が遅れた彼女は、運動員たちの非難の眼が自分に注がれているように感じて、その場にいたたまれず、選挙事務所を抜け出して、いったん自宅に帰り、服装をすっかりよそゆきのものに取りかえて、投身自殺のために近所の湖へ向かう。しかし、電車の中で彼女は大変なことを思い出す。彼女の子供たちは冷たい砂糖水を飲むのが好きで、彼女はいつも子供が学校から帰る前に、砂糖水を作って冷蔵庫に入れておいてやる習慣になっていた。ところが、彼女は数日前から自殺のことが念頭にあったために、強い劇薬を溶かした水を冷蔵庫に入れたままになっていたことを思い出したのである。子供たちが帰って来て、間違えてそれを飲んだら大変だ、そう思った彼女は、もう一度自宅に引返し、その劇薬を処分してから、ふたたび湖に向かう。死場所を求めて湖畔をさまよっていたが、どうしても死にきれず、結局は自殺を果すことができずに、私のもとに連れて来られることになる。

＊　＊　＊

この患者は、けっしていわゆる人情の薄い人間ではない。むしろ、最後に自殺を決意してから、子供のために一度自宅へ引返した行動にもよく示されているように、人並以上に情のこまやかな人柄だとすら言える。しかし、彼女がメランコリーに陥り、遂には自殺を決意するに至った過程を振り返って見ると、そこにはどうしても「義理」の概念を持出さねば説明のできない、いくつかの山がある。

夫に愛人があり、子供までできていることが判明したとき、彼女はただちに夫に対して攻撃的な反応を示すことをしなかった。むしろ、相手の女性の将来を気遣い、夫が安心してこの女性と手を切ることができるように、就職を世話し、子供を引取って育てるという、やや異例の行動に出たのである。夫と別れたくない、という打算は確かにあったかもしれぬ。しかし、その当時の彼女の行動は、打算だけでは説明のつかぬ、かなり献身的なものであったらしい。

これを、相手の女性への「人情」からだ、と言うことも、普通の用語法からすると言えるだろう。しかしこの女性は、元来は彼女にとって、毛頭も関係のなかった人物なのである。彼女とこの女性との間に関係が出来たのは、この女性が夫の愛人であるという、いわば「義理」の関係からであった。つまり、彼女はいわば夫への（より正確には、夫との間のきずなへの）「義理」から、この女性のために奔走したのだ、と言った方が筋が通る。人情的には、彼女はやはりこの女性を憎んでいたのである。

この女性の子を引取って以来、この子供は彼女にとっては、まさに「義理の子」である。彼女はこの義理の子のために、自分自身の子供への愛情を犠牲にしてまで献身的に母親の役割を果そうとする。しかし、当然のこととして、この義理的な行為と、自分の子供への人情とは両立しない。ここでもこの「人情」は、正確には自分の子供への「義理」と言う方が正しい。この二つの義理の間の相剋が、彼女と夫との間の断絶を決定的なものにする。

夫と一応の別居をした彼女は、まだ夫の自分に対する「人情」に、あるいは夫と自分とのきずなに対する夫の側からの「義理」に、望みをかけている。彼女の人生観、彼女の倫理観から見れば、これは当然の期待である。一般に義理堅い人というものは、相手の義理堅さをも当然のことのように期待し、要求するものだからである。

彼女はいったん決まっていた就職先を、妹婿の体面を傷つけないように、という義理堅い配慮から断わってしまう。これが実は、彼女の当面のメランコリーの始まりである。これまでのところ、彼女が種々の心労にもかかわらず、メランコリーにならなかったのは、彼女の立てつづけて来た義理が、結局のところ最終的に挫折には導かれなかったからである。それまでの彼女の義理は、苦しいながらも、いわばポジティヴな義理であった。ところが、今回の義理は、いわばネガティヴな義理である。義理のために、彼女は自分と自分の子供たちとの将来の設計を棒に振らねばならぬことになったのである。これが、どうやら彼女のメランコリーの発病の真相らしい。

それに続く選挙運動のエピソードも、これまたまったく義理の独壇場である。ハガキの宛名を間違えては、有権者への義理が立たない。それで投票が少なくなれば、妹婿への義理が立たない。すでにメランコリーに入っていた彼女にとっては、この義理の重圧は余りにも重いものであった。

しかし、彼女を決定的に打ちのめしたのは、夫からの冷い、事務的な、一方的な離婚成立の通知であった。夫は、彼女の期待していた義理を果してくれなかった。それと同時に、彼女が夫とその愛人、それにその子供に対してこれまで尽して来た義理が、それまでは少なくともポジティヴなものであったはずのこの義理が、まったくのネガティヴなものに変ってしまう。自分のこれまでの辛苦が、水の泡に帰することになる。この、いわば義理の完全な挫折が、彼女を自殺へと追いやる最大の動因となったことは疑いえない。

ブロイラー以来、メランコリー親和型の人の病前性格は「共調性」とよばれ、人づきあいの良さ、親しみやすさをもって特徴とされてきた。このわれわれの患者の場合も、まさにそれである。日本的に言えば、それは人情味のある人、ということになるだろう。しかし、さきにも述べたように、この「人情」がはたしてどこまで本当の人情であるのか、それは人情というよりはむしろ、体面をつくろい、人と人との間柄への義務意識を守ろうとする「義理」である、と言った方が適当ではないのか、という疑問が残る。メランコリーという状態が、なにかが取り返しのつかない形で失われたときに生じる状態であり、メランコリー親和型の人とは、この取り返しのつかぬ事態を防止するために律義さ、几帳面さを守り続けなくてはならない人だと言う場合に、少なくとも日本人のメランコリーにおいては、この取り返しのつかない形で失われるなにかとは、結局は人と人との間に立つ自己の体面のようなものであることが圧倒的に多いのではなかろうか。そこで、そのような事態を恐れるメランコリー親和型の人は、平常から人一倍対人関係に気をつかって、人と人との間を無事に守り通そうとしなくてはならないことになる。これがいわゆる「共調性」

の性格を形づくることになるのであろう。

3　罪と義理

取り返しのつかない事態から、メランコリーになるいきさつの説明として、私は最初に、他人から借りた貴重な本を失くしたという例をあげた。このような時に必ず生じてくるのは「済まない」という気持ちであり、「悪いことをした」という罪悪感である。この場合のようなメランコリーと「済まなさ」、あるいは罪悪感とは切り離せないものと言ってよい。借りた本が返せないという場合だけでなく、約束を忘れていて待合わせをすっぽかしたとか、頼まれていた仕事が十分に果せなかったとかいう場合、つまり他人との関係において何らかの取り返しのつかない事態が生じた時には、そこに必ず、「済まない」という罪悪感が起こってくる。

もちろん、メランコリーの生じるきっかけとしての「取り返しのつかない」事態は、必ずしもこのような対人関係の場だけで起きるとは限らない。うっかり相場に手を出したために虎の子の財産を失くしてしまった、というような場合、「取り返しのつかぬことをした」という気持ちにはなっても、それがただちに罪悪感と結びつくとは、必ずしも言えない。また自分が癌に冒されていることがわかった場合にも、取り返しのつかぬことになったとは思うかもしれないが、罪悪感は生じてこないだろう。それからさらに、さきに挙げた、娘を嫁に出した親の気持ちなどは、強いて言えば「取り返しのつかぬ」とでも言えるかもしれないけれども、当人の意識としては、むしろぽっかり穴があいて、やり切れない気持ちの捌け口をどこへ向けたらよいのかわからない、といった感じなのだろう。

今挙げたいろいろな場合に共通して言えることは、取り返しがつかない、もう戻っては来ない、という一種の「くやみ」であるけれども、このくやみが対人関係の場に出て来た時に現われるのが「済まない」という罪悪感なのである。病的なメランコリーには、このような罪の意識の妄想的に高まった罪業妄想の他に、自分が回復不能な経済的打撃を受けたと思い込む貧困妄想や、自分の健康が回復不能な病気に冒されたと思い込む心気妄想があって、そのいきさつは右にあげた例からもうかがうことができるだろうが、これらは本書の主題と直接には関係してこないので、立ち入らないでおく。

さてここで、メランコリーにおける「取り返しのつかなさ」から「済まなさ」という罪の意識が出て来る消息と、これが前節で述べた義理や人情とどう関係してくるかを、いますこし詳しく考えてみたい。

私たちが自分の罪を認めたときに口にする「済まない」、「申訳ない」、「取り返しのつかない」ことをしてしまった、という表現は、すべて一定の負い目が解消しえない、という意味をもった言い廻しである。そこには一定の未済性が言い表わされている。その限りにおいて、ここには或る意味での時間性という契機がある。それは、未完了でありながら未完了のままにとどまって完了の可能性を奪われた時間様態だ、と言ってよい。

しかし、この「未済性」は、罪の意識の時間様態であるばかりではなく、実は人間存在一般の根本的な時間様態でもある。ハイデッガーも言うように、われわれは自分自身がこの世の中に存在するという事実の根拠を、決して自分自身の手に引き受けることができない。われわれがこの世の中にあるという事実は、われわれ自身にとっては、実は一つの負い目にほかならない。われわれは、自分自身の存在を負わされている。「かりそめのこの存在の時をおくるには、／他のすべての樹々よりやや緑濃く／葉の縁《へり》ごとに（風のほほゑみのやうな）さざなみを立ててゐる／月桂樹であることもできようのに、／なぜ、人間の存在を負ひつづけねばならぬのか——」とリルケは歌う（『ドゥイノの悲歌』第九、手塚富雄訳、岩波文庫）。そしてまた、「地上に存在したといふこと、これは取り消しやうのないことであるらしい」（同）と言い、「それゆえわれわれはひたむきにこの存在を成就しようとする……地上の存在になりきらうとする」（同）と言う。われわれはつねに、取り消しようのない事実としてこの世に生きており、しかもこの存在の「成就」には後れをとっている。つまり、自己を完全に自己のものとして引受け、本来の自己自身の存在になりきろうとして、果せないでいる。われわれが人間として存在するということ自体が、すでにまったく未済的性格を帯びている。

しかし、人間存在のこのような未済的性格は、けっしてただ人間を本来の自己実現の背後に引留めておくだけのものではない。それは同時に、われわれに前進の可能性を与えるものでもある。われわれの存在が未済的であるからこそ、われわれにとって選択と決断が保証され、われわれにとって将来が可能になる。将来という時間性は、われわれの存在の未済性が前進の可能性を保証する限りにおいてのみ可能である。

将来とは、単にわれわれの存在が継続される行先、あるいはその見込みというような予想的な意味を含むだけのものではない。将来とは何よりもまず、われわれの現在に希望を与えると同時に決断を課し、現在の存在に価値と意味とを与えるものである。人生の価値と意味とは、実はこの将来の未済性から、つまり将来が未だ現実として実現していないで、可能性としてとどまっているということから、由来している。

ところが、メランコリーの事態にあっては、この将来の可能性が一挙に見失われる。将来の未済性は、未済のまま確定的に完結してしまう。それと共に、現在の存在からはその価値と意味とが失われ、希望と決断とは根本的に不可能になる。可能性としての未済性は、返済不能な負い目としての未済性に変る。西田幾多郎にならって、「善とは一言にていへば人格の實現である」(『善の研究』全集一巻)とするならば、この状態は端的に善の反対であり、悪である。積極的な悪行ではないにしても、少なくとも責められてしかるべき罪深い状態である。

この罪深い状態において「済まないことになった」「取り返しのつかないことになった」という罪の意識が生じるのは、右に述べて来たことから見て、ごく自然なことと言わねばならない。こうして罪の意識は——一般に精神医学で用いられている表現を用いれば、罪責感や自責感は——メランコリーの特徴的な様相として出現してくることになるのである。しかしこれは、罪責感がメランコリーの単なる部分症状だという意味ではけっしてない。テレンバッハも述べているように、「メランコリーが罪責主題を動かしていると考えるのは正しくない。むしろ、罪責主題の方がメランコリーという舞台を獲得するのである」と言わねばならない。

さて、このような罪の意識は、前節で述べた義理や人情と、どう関係しているのであろうか。この問題に立ち入る前に、まず日本人のメランコリー患者はどのような罪の意識を抱き、その日本的特性はどこにあるのかを明らかにしておきたい。日本的な罪の意識と義理人情との関係も、それによっておのずから明らかになるはずだからである。

ここで考察の手懸りとしたいのは、この罪責感、自責感の出現頻度は、日本と西洋との間に差はないのに、その出現様式、あるいは体験内容の上では非常な違いが見出されるという、著者自身の調査によって確かめられた事実である。

私はかつて、この相違を次のように言い表わしておいた。

罪責体験は、その重要な構造契機として、患者が自ら犯したと体験する「罪」によって毀損され、あるいは危殆《きたい》に瀕している「価値の担い手」を含む。これは、犯した罪の故に患者を責め、患者を訴追する審判者の役割をも果す。この審判者《インスタンツ》が自己の外部に措定されず、「人としてのあるべきあり方」とか道徳とかであったり、あるいは超越者としての神であったりする場合、この罪責体験は純粋自責の形をとる。いまこの純粋自責を「自己志向的罪責体験」と呼んで、これを自己以外の共同人間的、他者的な審判者に向けられた（つまり誰か或る他人に向かって悪いことをした、という内容をもつ）「他者志向的罪責体験」と区別する。この区別は、あくまで経験の次元での便宜的な区別であって、窮極的には、いかなる他者志向的罪責体験も、他者を契機としての純粋自責に帰着する。

著者が調査した一〇九名のドイツ人、一〇七名の日本人のメランコリー患者について見ると、数字的に見ても、日本人は他者志向的罪責体験を持ちやすく、ドイツ人は自己志向的罪責体験を持ちやすい、ということができる（参考までにその数字を示せば、第1表の通りである）。しかしこの対蹠的な傾向は、患者から聞き出した具体的な体験内容を眺める時、一層鮮明に浮び上る。

第1表

	日本人	ドイツ人
自己志向的罪責体験	17	32
他者志向的罪責体験	37	25

＊　＊　＊

例えば、61歳のドイツ人寡婦は、こう言う。「私は無限に多くの非難を私自身に向けています。私はあらゆる事を誤った仕方で行ないました。正しくできた事は一つもありません。私はあらゆる人を不幸に陥れたのですから、私を救ってくれる人は誰もいないでしょう。私は、私の子供の死にも責任があります。私が医者に頼んで子供にして貰った注射が強すぎたので、子供を死なせてしまったのです」。

また、52歳のドイツ人女性はこう言う。「私の夫は、目前に迫っている家庭の破滅にまだ気付いていません。私は長い間の家計の失敗で、この破滅を惹起してしまいました。私は可哀そうな家族たちを台無しにしてしまいました。私は夫や子供たちにありとあらゆる不幸をもたらしました。私は、立派な夫にまったくふさわしくない女です。結婚前の男友達のことを、私は夫に打明けませんでした」。

＊　＊　＊

この二例は、明らかに家族に向けられた他者志向的罪責体験を述べている。しかし、意図的にやや生硬に直訳したこの言い廻しの背後には、この他者志向的罪責の基礎としての明白に自己志向的性格を持つ自己批判を見逃すことはできない。彼女らによって不幸に陥れられた家族は、いわば仮の審判者《インスタンツ》であるに過ぎず、真に彼女たちが自己を責める理由は、妻として、母としての自己の人間的、人格的な至らなさなのである。

もちろん、罪責体験というものは、それがいかに他者に向けられようとも、結局は自分の至らなさを責めるものであってみれば、この同じ傾向が日本人のメランコリー患者にも見られて何の不思議もない。

＊　＊　＊

五三歳の日本人主婦。「あほうなことをして主人や子供に迷惑をかけました。主人が私のことを心配してくれていると思うと、居ても立ってもいられません。子供が可哀そうです。こんな馬鹿な親は世の中にありません」。

四二歳の日本人主婦。「家の中がうまくいかないのは、皆私が悪いからです。いつも夫を苦しめ通しで申訳けありません。主人に尽してあげられなくて申訳けありません」。

＊　＊　＊

これらの罪責体験の構造は、前にあげたドイツ人の例と、形式的には同一である。しかし、問題はこの他者志向性の背後に顔を出している「自己志向性」の内容にある。ドイツ人患者の場合、自己志向的な罪は他者志向的な罪の原因をなすものとして、それ自体としては独在論的に捉えられているのに対して、この日本人患者の場合には、いわばこの自己志向的な罪深さと他者志向的な罪との間に、なんらの因果関係的な体験構造の分節も認められない。つまりここでは、独在論的にとらえられた自己自身の本来のあり方の欠陥、というようなものは述べられておらず、母として、妻としての自分のあり方は、ただひたすらに子供や夫の立場からのみ見られている。「自分」はいわば最初から他者の中へ取り込まれている。この「自己志向性」は、いわば連帯的に捉えられた自己志向性である。

このような他者にとっての自己のあり方を責める、という構造は、日本人のメランコリーにおけるより純粋な自己志向的罪責体験についてみるとき、いっそう明瞭になる。

＊　＊　＊

三四歳の日本人女性の遺書の一部。「皆々様に悪影響を及ぼさねば生きていけぬ我身の情なさ、こうして死ぬことによってお詫びするのが唯一のまごころとお許し下さいませ」。

＊　＊　＊

五六歳の日本人男性。「私みたいな人間の屑は、この世にいない方が皆のためになる」。

ここでは、自分が存在すること自体が皆の迷惑になる、ということが述べられている。ここに出てくる「皆」とか「世の中」とかいう不特定多数の審判者《インスタンツ》が、患者の体験の中に現われてくることは、ドイツ人の患者には決して見られなかったことである。このような場合、ドイツ人ならば「私は道徳的、宗教的に罪深い人間である」というような表現が用いられるであろうと思われる。つまり、このような「世の中」に対する罪責体験は、元来自己志向的に自覚されるべきはずの罪が、他者志向的に拡散されて体験されたものである。この他者志向性は、上述のドイツ人の例の場合のように、自己志向性から因果論的に二次的に導き出されたものではなく、すでに一次的に連帯的な自己志向性の現われであり、日本人の自己志向性の中に元来含まれている他者志向性の表出なのである。――

以上は、私がかつて数篇のドイツ語の論文に述べたことの要旨を、自由にまとめて訳出したものである。これは元来、ドイツ人向けに書かれたものであったから、「自己志向性」、「他者志向性」をはじめとして、本来このような現象の記述には不適当な、西洋二元論的な発想が随所に用いられている。日本的な一元論的な物の考え方を外人に伝えるということは、実際にその苦労を味わったものでなければわからない、大変に困難な仕事である。私が用いたのは、仮にひとまず自分を西洋的な思考の枠組の中へ置いてみて、そこで与えられている精一杯の可能性を用いて、日本的なものを表現してみよう、ということであった。

そのようなわけで、いまこの同じ問題を日本人の読者を念頭に置いて考え直してみると、表現もおのずから別のものになるだろうし、表現の幅や深さもすっかり変ってくることになる。

上に私は、患者の「罪」によって毀損され、あるいは危殆に瀕している「価値の担い手」、あるいは「審判者《インスタンツ》」という語を用いた。ここで、仮に審判者と訳しておいたドイツ語の Instanz は、このような問題を扱う精神病理学者が好んで用いる言葉であるが、日本語にはかなり訳しにくい。この語は Der Sprach-Brockhaus によると、「一、段落、裁判手続における審級順序、二、所轄の官庁」とあり、日本の独和辞典には「裁判所、法廷、審級〔erste（letzte）～第一審（終審）〕」などと訳してある。Der Grosse Duden の語源辞典によると（語源辞典として最も権威のある Kluge の辞典には、この語は載っていない）、これはラテン語の instantia すなわち「（切迫的に）固執する」の意味が狭められて、「（法律的などの）事柄の執拗な追求」の意味となり、ここから、この追求を行なう官庁、つまり「ひとが彼の請願を上申する所轄官庁」の意味に転じたのだという。したがってこの「審判者」の訳は、必ずしも妥当ではないかもしれない。

ドイツ人の純粋な自責の場合、つまり誰か他者の名を挙げることなく「自分は悪い人間だ」と言う場合には、このインスタンツは、いわゆる道徳律のようなもの、あるいはその最高の形態としての神の裁きのようなものに置かれている。すなわち、カント流にいえば、彼はこの道徳律への尊敬と服従において成立つ道徳意志の動機としての義務を果さなかった、というかどで自分自身を責めている。カントにならって、この道徳律の根拠を「超感性的な本来の自己としての人格性」とするならば、このような自責は、自己が本来のあるべき自己に達しえないでいることについての罪の意識である。しかし、ここではこの「本来の自己」は、窮極的にはあくまでも「神の前での本来の自己」であることに注意しなければならぬ。神を拒否するニヒリズムの立場にあっても、単にこの「神」が「無」に置きかえられるだけであって、この本来独在論的な性格そのものは変化しない。

何らかの他者の名を挙げて、この他者に対して自己のおかした罪に悩むドイツ人患者も、結局のところ右のような独在論的自責を根拠として、ここから因果論的に他者に対しての自己の責任を推論するのであって、窮極的には右の純粋自責について述べたことが、そのまま妥当する。つまりこの場合には、他者志向的罪責体験の背後に自己志向的罪責体験が認められる、と言った私の言い方は、大体において間違っていないと言ってよい。

しかしこれに対して、日本人の他者志向的罪責体験にも同じような構造を考えて、その背後にある自己志向性を連帯的であると規定したり、本来、自己志向的に体験されるべき自責が、他者志向的に拡散していると述べたりした点に関しては、間違っているとは言わぬまでも、非常に不徹底な言い方であり、根本的な修正が必要であるように思われる。

日本人の場合にも、罪責体験というものは、それがたとえ現実の他者に向かってのものであるにしても、結局は自己のあるべき本来のあり方が問われているのだ、という点はそれでよい。問題は、この場合のインスタンツが何であるか、である。ドイツ人の場合、それは差当っては道徳律のようなものであり、最終的には神の裁きのようなものであった。そこでここでも、前節の義理と人情のところで持出した論法を応用して、日本人の自責のインスタンツは、差当っては人情の原則のようなものであり、最終的には人と人との間といわれうるようなものだ、と言い切ってしまってはどうだろう。

　つまり、最初から自と他という二つのインスタンツを立てて、ドイツ人の場合にはより自の方へ、日本人の場合にはより他の方へ傾く、というような二元論的な言い方をしたのが不徹底の原因となっているのであって、人間が自らの義務として果さねばならぬあり方の、拘束力の主体としての最終のインスタンツが、両者において最初から違っているのだ、と前提した方がてっとり早い。

　日本人において、存在や行為のあるべき本来の姿を最終的に規定する拘束力の主体が、人と人との間という窮極的な場所に置かれているということ、これは決して単なる前提にはとどまらない。キリスト教徒にとって神の存在が絶対的な現実であるのと同じように、日本人にとって人と人との間という場所の実在性は、どうにも抜き差しならぬ現実性を帯びたことなのである。義理、人情をはじめとして、あらゆる「日本的」といわれる現象の背後には、この窮極的な場所がつねに臨在している。

メランコリーの患者が取り返しのつかない事態に直面して自己自身を責めるとき、これは日本人にあっては、そのまま、人と人との間の間柄が回復不可能な仕方で毀損されたという体験として出現してくる。第一章にも述べたように、ここでこの「人と人との間」あるいは「間柄」ということを、すでに独立した個人として与えられている人と人との関係のように理解してはならない。ここで人と人との間というのは、そこから自分と相手とがそれぞれ独立の「人格」として分離して出てくる、その源のような場所を指している。だから、この源泉的な場所に取り返しのつかぬ事態が起きた場合には、そこから分離して出てくる自己も相手も、共に一切の事実的経験に先立って、アプリオリに、価値を毀損されたものとしてマイナスの符号を付せられて経験されることになる。自己は取り返しのつかぬ罪深い人間として、相手は自分によって取り返しのつかぬ不幸におとし入れられた人として、体験されることになる。

ここでは、自己の罪と相手の不幸との間には、なんらの因果関係をさしはさむ余地もない。それは同一の事態の両側面なのであって、表裏一体をなしている。一方なしに他方だけが起きるということはありえない。自分が悪いから誰かに迷惑をかけているのでも、誰かに迷惑をかけているから自分が悪いのでもない。自分が悪いということと、誰かに迷惑をかけているということとが表裏一体なのである。

第 2 表

	ドイツ人		日本人	
	男	女	男	女
両親	0	1	3	1
配偶者	1	6	2	4
子供	0	10	1	6
子供の教育	0	4	0	1
(漠然と) 家族	2	5	3	5
先祖	0	0	1	1
神	1	3	0	0
道徳	6	5	4	1
職場の同僚	0	0	6	1
世の中	0	0	3	1
自己の義務	5	8	0	0
はっきり名指されないもの	3	0	5	7

ここで、このような罪責体験が、具体的に誰に対する罪として、あるいは何に関する罪として体験されるかを、日本とドイツの両方の患者群について私が実際に調べたものを、第2表に示す。表中、「子供」の項の他に「子供の教育」の項を特に設けたのは、ドイツ人の女性の教育熱心ぶりがうかがえて面白いからである。

この表からわかることは、自分の家族に対しての罪を感じる罪責体験については、日独両国民間に大した差が認められないこと(強いて言えば、子供に対する罪責感がドイツ人女性に目立つといえるかもしれない)、先祖に対してのものがドイツ人には見られず(日本人の場合にも予想したよりは少なかった)、いわばそれに代るものとして、神に対する罪がドイツ人のみに出現したこと、職場の同僚に対して申訳ないと言う患者は日本人にしか認められず、世の中に対して（あるいは世間に対して）顔向けができぬ、という体験も日本人特有のものであったのに対して、（やはりいわばその代りとして）自己の義務に忠実でなかったという体験はドイツ人にしか見られなかったこと、誰に対して、何についてということをはっきり名指していない罪責体験がむしろ日本人に多かったことなどである。

御先祖様に対して申訳ない、御先祖様に顔向けができない、という罪責体験が、すぐれて日本的なものであることは、いうまでもない。これはいわば、日本人の（ベンダサン流に言えば「日本教徒」の）宗教的罪悪感である。だからこれは、ドイツ人の場合の神に対する罪責感に対応するものとみなしてよい。

しかし、外人にはとかく誤解されやすいことなのだけれども、この「御先祖様」というのは、かつて実体として存在したこの先祖、あの先祖、といった先祖個人個人のことではない。ベネディクトは、「日本の祖先崇拝は最近の祖先に限られている」（『菊と刀』）と言っているが、それは墓石に名を刻まれた祖先、仏壇に安置されている位牌の意味においてであって、それはいわば、生存している個人にとっての忘れがたさ、懐しさの対象としての個人的な祖先である。メランコリーの患者が「御先祖様に申訳ない」という場合の御先祖様は、このような個人的祖先のだれかれではない。それはむしろ、最初の章で述べておいたような、超個人的レベルでの先祖のことであり、いわば超時代的、超世代的な、われわれが自分の存在をそれに負うているような根源としての御先祖様なのである。われわれの現在の存在が、なんらかの意味で過去から出てきているという、この由来性が「御先祖様」として表現されているのである。

われわれの存在の根拠が、「時間的」な観点から過去に求められ、「御先祖様」として言い表わされるとするならば、これに対してこれが「空間的」に表現されたものが、「世の中」であり、「世間」である。私たちは、自分の存在を超個人的な「人と人との間」に負うている。これが普通の日常的な意識にとらえられたものが、世の中であり世間である。「世間に顔向けができない」ということは「御先祖様に顔向けができない」ということと結局は同じことなのであって、タテのものをヨコに見ただけのものにすぎない。いずれの場合にも、真に「顔向けができない」相手は、他者的な先祖や他者的な世間ではなくて、自己の存在の根拠そのものとしての、人と人との間にあるなにかなのである。

このような世間に対する罪責感を、私はドイツ人の義務に対する罪責感とパラレルなものと考える。数字の上でも、このことがはっきりと出てきている。さきにも述べたように、ドイツ語の義務とは、人がなすべきことをなすように拘束している拘束力のようなものであった。この拘束力の主体は、差当っては道徳律のようなもの、そして窮極的には神と考えられた。日本人の場合、この拘束力の主体が差当っては人情のようなもの、窮極的には「人と人との間」という場所に置かれていることにより、ドイツ的な義務が日本的な義理、に変るのだ、と言われた。こうして、御先祖様に対する罪、世間に対する罪の意識は、結局のところ、義理が果されないことについての「済まなさ」「申訳なさ」だということになる。人と人の間にあるなにか、自己を自己たらしめているなにかに対する責務を果しえないことについての負い目の意識、ということになるのである。それは、西洋人の神に対する罪、道徳的な罪の意識とまったく同様に、きわめて人格的、宗教的な罪の意識である。

職場の同僚に対して相済まぬ、という罪責体験がドイツ人に皆無であったことは、興味深い事実である。これは、例えば雇用関係における契約意識や、職場での役割意識に基づく独立平等性というようなことに直接基因していることだろう。日本の職域社会にこのような契約意識や役割分業意識の欠如していることは、中根千枝氏その他の指摘によっても明らかにされている。西洋における他人とは、直接明らかにその人に迷惑をかけた場合を除いては、罪の意識や謝罪の意識の対象にはなりえない。西洋人は、自己の存在の存在論的な負い目を、めいめいが自分の頭上に高くかかげている神と結びつけ、道徳的な罪というようなものを、いわばこの垂直線上でしか考えない。これに対して日本人は、自己の存在の存在論的根拠を人と人との間というようなところに見出しているから、どうしても道義的な罪、義理的な負い目を水平面上で考えるようになる。職場の同僚に対する罪責体験も、いわばこの水平面的な負い目意識の投影なのであろう。

ここでこの節の締めくくりとして、日本的な罪の意識と義理(および人情)との関係をまとめておこう。もともとユダヤ教から出たものである西洋の罪責概念は、宗教社会学的に言うならば、神との契約を破って神の掟に背き、しかもなお生きながらえていることについての負債である。しかしユダヤ教の神というようなものも、もとは実体のない実在意識としてとらえられていた超越的ななにものかが、約束事としてヤハヴェの名を与えられたものだと考えるならば、罪とは、やはり元来は社会秩序に関する信頼関係への裏切りのようなものとして捉えられていたに違いない。

この信頼関係への裏切りとしての罪（この概念に関しては、和辻哲郎の『倫理学』上巻を参照）という捉え方は、ユダヤ教・キリスト教的契約神の生まれなかった日本においては、そのまま現在もなお生き続けている。「日本人は宗教的な戒律を無視し、またそのことを何とも思わぬが、人間の信頼関係に即する道徳的実践という点ではそうとうに鋭敏であった」（中村元『東洋人の思惟方法』第三巻）。この「道徳的実践」こそ、さきに述べた様に、人情であり、義理として果されるものなのである。

前述の源了圓氏は、義理という事実と義理という観念を区別して考えることが必要であるとし、義理が義理として自覚されるようになったのは近世初期からであって、古代・中世の日本人は、義理という社会的事実をみずから生きながら、それを義理として自覚しなかったと言う。われわれにとって重要なのは、もちろん、この義理の事実であって、義理の観念ではない。そして、このような原初的な義理の事実の発生を、氏は、稲作農業に伴う聚落内での相互協力という場面での、好意に対する返し、好意と好意の交換に見ている。そして氏によれば、この好意に対する返しとしての義理の成立根拠は、信頼に対する呼応ということである。

ここに、義理の不履行が、ユダヤ教・キリスト教的な「契約違反」の罪と同一形式で、負債としての罪、裏切りとしての罪を成立せしめる構造的根拠が見出せる。義理を欠く、ということは、義理が信頼に対する呼応である限りにおいて、悪であり、罪であり、負い目なのである。「メランコリー親和型」と呼ばれる律義で義理堅い人とは、このような負い目を何よりも恐れる人であり、しかも、彼がひとたびメランコリーの状態に陥って、将来への可能性の閉ざされた場合には、病的に激しい痛恨をもって、この負い目に苦しむ人なのである。

私がこれまで用いてきたような「義理」の用法は、今日一般に用いられている「義理」の意味からは、ややずれるところがあるかもしれない。「お義理でする」とか「義理一ぺんのかたらい」とか「義理に縛られて」とかに出てくる、いわば「冷たい義理」が、右に好意への返し、信頼への呼応と言われた、いわば「暖かい義理」から派生的に出てきて、今日のような用いられかたをするようになったのは、実は近松以後のことであった。近松をも含めてそれ以前、ことに西鶴における「義理」が、「人情」と不可分のものであって、けっして単なる外面的な制約ではなかったことは、源了圓氏の研究に詳しく述べられている。私はこの言葉を、もとの意味に戻して用いてみたのである。

4　罪と恥

罪が日本において、このように他人に対して信頼にこたえられない面目なさ、という形で現われてくる以上、罪と恥の関係は非常に微妙なものとなってくる。かなりの日本人メランコリー患者が、御先祖様に対して、あるいは世間に対して「顔向けができない」という表現で自己の罪の意識を言い表わすということは、すでに触れておいた。これは西洋人の眼から見れば、罪の表現というよりは恥の表現である。

周知のように、ルース・ベネディクトは、西洋的な「罪の文化」に対して日本的な「恥の文化」ということを言った。彼女によると「罪の文化」とは「道徳の絶対的標準を説き、良心の啓発を重視する」文化であり、善行が「内面的な罪の自覚」に基づいてなされるのに対して、「恥の文化」においては善行は「外面的強制力」に基づいてなされる。恥とは彼女によると「他人の批評に対する反応」であって、人前で嘲笑され、拒否されたり、あるいは嘲笑されたと思いこむことによって感じられる。罪の文化においては自分の非行を誰一人知る者がいなくても、「自ら心中に描いた理想的自我にふさわしいように」行動しなかった者は罪に悩む。これに対して、恥を感じるためには「実際にその場に他人がいあわせるか、あるいは少なくとも、いあわせると思いこむことが必要」である。恥が主要な強制力となっている文化においても、人びとは西洋人ならば当然罪を犯したと感じるであろうと思われるような行為を行なった場合には、痛恨の情を抱く。しかしこの痛恨の情は、罪の場合のように懺悔や贖罪によって、あるいはその罪を告白することによって軽減されることがない。むしろ過ちを告白すれば、悪い行ないが「世人の前に露顕」して、かえって自らを苦しめることになる。

以上のベネディクトの意見に対して、やがてわが国において賛否両論が沸騰し、これがひいては現在大変な流行になっている「日本文化論」の一つの大きな原動力となったことは周知の事実である。しかし私たちはここでしばらく、私たち自身の問題設定の枠組の中でこの問題を取り上げて、少しばかりの考察を加えてみよう。

私たちは、日本人の集合的、血縁史的アイデンティティーを論じた時と、義理の構造を論じた時との二回にわたって、自己がそこから自己となってくる源泉としての、人と人との間という場所について語った。つまり、日本人にあっては、自己は自己自身の存立の根拠を自己自身の内部に持ってはいない。「脚下照顧」と言われて自己自身の足下に置かれているかに見える自己の基盤が、実は自己の絶対的外部にある。ハイデッガーにとっても、真の自己（実存）とは、自己（の存在）へと向かっていること（Zu-sein）であるが（『存在と時間』）、自己が自己自身の方へと向かっている、という構造は、この日本的自己の構造に近い。元来、この「実存」Existenz の語源は「外へ出て立つ」ek-sistere ことである。自己が自己の外に出で立っているのである。

ベネディクトのいう「罪の文化」の社会が、「自分の心中に描いた理想的な自我にふさわしいように行動すること」をもって名誉とする社会であるならば、この「理想的な自我」のありかが自己自身の外部にある場合、この「名誉」はどのように言い表わされうるであろうか。それは形の上では当然、「外面的強制力に基づいて善行を行なう」ことであり、「人前で」の「恥を知る」ことになるだろう。

ただここで、これは何回強調しても強調しすぎるということはないのであるけれども、ここで仮に「自己の外部」と言われている場所は、けっしてそのまま「他人」そのものを意味してはいない。「自己の外部」はそのまま「他人の外部」でもあり、いかなる人にとっても「内部」ではないような場所、すなわち「人と人との間」なのである。しかもそれは、「外部」でありながら、それと同時に、自己自身のありかであるという意味では自己の「内部」でもある。

自己の真のありかが自己の外部にあるということは、内部が外部にあり、外部が内部にある、ということである。内面とは外面のことであり、外面とは内面のことだ、という意味である。そのような構造の自己に関して、「真の罪悪文化が内面的な罪の自覚に基づいて善行をなすのに対して、真の恥辱文化は外面的強制力に基づいて善行を行なう」という区別が、何の意味を持ちうるであろうか。日本的な罪の意識はすべて恥の意識なのであり、日本的な恥の意識はすべて罪の意識なのである。

「人は自分の非行を誰一人知る者がいなくても罪に悩む」のに対して、「恥を感じるためには、実際にその場に他人がいあわせるか、あるいは少なくとも、いあわせると思いこむことが必要である」と、ベネディクトは言う。それは、西洋人の自己がその存立の根拠に関して、垂直に神とのみ繋っているからである。またこれに対して、日本人の自己は水平面的に人と人との間に根拠を持ち、したがって、他人がいあわさなければ自己は自己となりえないからである。西洋人の罪は、他人に対して懺悔し贖罪することによって軽減する。それは垂直線上の罪が、水平的な回路を通って、他のより抵抗の少ない垂直線へと分流するからである。日本人の恥は、他人への告白によってかえって苦痛を増す。それは、水平面上での恥のありかとしての「人と人との間」の数をふやすことになるからである。

「罪の文化」と「恥の文化」について、私が言いたいことは右のことに尽きる。義理の不履行としての日本人の罪は、罪と恥との区別を超越した罪であり、恥である。自己は自己自身の管轄下にはなく、自己と他人との出会いの場所における自己と他人との間に没収されている。しかも自己は、この没収されて自己の手を離れたところにある自己自身に対する義務を履行せねばならぬ。それが義理といわれるものである。

　義理は、超越的な道徳律や神のごときものに対しての義務ではなく、人と人との間に対しての義務であるから、それはつねに相互拘束的である。ベネディクトが言っているように、日本人は「一定の掟を守って行動しさえすれば、必ず他人が自分の行動の微妙なニュアンスを認めてくれるに違いない、という安心感をたよりとして」いる。この一定の掟とは、義理のことに他ならない。義理とは信頼に対する相互拘束的な呼応である。

それだけに、もし自分が一方的に義理を果しえなかった場合、そこには相手からの非難と侮蔑が、当然のこととして予想される。彼はそこで自己の体面を失い、顔向けのならない恥辱感を味わわねばならぬ。それは、懺悔して軽減されうるような西洋人の罪よりも、遥かに深刻な苦痛である。それは、いかにしても回復不可能な「取り返しのつかぬ」「相済まない」事態である。

これまで私は、日本人のメランコリー患者に関しても、この未済の感情、負い目の体験を「罪責体験」と言い表わしてきた。これは、単に一般的な慣習に従っただけのことである。しかし厳密には、これは「日本的な恥の体験」というべきであっただろう。恥もまた、すぐれて未済的、負い目的な体験なのである。

日本人とメランコリーの問題に関する議論はこれで終る。しかし、われわれには問題が一つ残されたわけである。何故に西洋人は垂直的に神と結びつき、日本人は水平面的に人と人との間に自己を見出すのか。この問題を考えるために、われわれはまず、西洋的な生き方と日本的な生き方とをそれぞれ規定しているそれぞれの風土的条件を詳しく考察しておかなくてはならない。

第三章　風土と人間性

1　自覚の場としての風土

この地球上に人類が発生して以来、人間は地球上のさまざまな土地に住み着いて、無数の共同生活集団を形成し、それらが離合集散を繰返しながら、比較的大きな単位の共同体を組織し、それがそれぞれに固有の歴史をたどって、今日の諸民族、諸国家を形作って来た。その間にそれらの諸民族は、単に体型や皮膚の色などの外面的身体的特徴においてだけではなく、ものの見方、ものの考え方などの心理的特徴においても、それぞれに異なった道をたどって、いわゆる民族的精神構造の多様性が生まれてきた。これが土台になって、それぞれの民族に特有な社会構造が、さらにはいわゆる文化が生み出される。

この特有な社会構造、文化構造は、もちろん、それがいったん生み出されると、その中に生活する各個人の、ひいてはその社会、その文化を構成している集団全体の、思考様式、生活様式に強力な規制力を及ぼすことになるだろう。或る民族、或る国家の社会構造を考えることなしに、それに属している各個人の思想や風習を論じることはできないだろうことは、いうまでもない。仏教文化やキリスト教文化の背景なしに、日本人一人一人、西洋人一人一人のものの見方、考え方を云々することは、到底許されることではない。

しかしここで、あくまでも明確に捉えておかなければならぬことは、このような社会構造や文化構造が、けっして人間発生以前から存在したわけではない、ということである。人間は、いわば白紙《タブラ・ラーサ》の状態で、既成の社会、既成の文化の中へ発生して来たのではない。また社会や文化は、個人に対していわばその外面から、規制力を行使するものではない。社会や文化は、人間が自らの手で作り上げてきたものである。これまでも絶えず——世代から世代へと——作り上げ続けて来たし、現在も作り上げつつあるし、今後も、人間がこの地球上に生存し続ける限り、永久に作り上げ続けていくであろうところのものなのである。

したがって、この地球上のさまざまな社会、さまざまな文化の多様性の底には、それを作り上げ続けて来た人間集団の、さまざまなものの見方、考え方の、一般的に言うとさまざまな生活の仕方の多様性がある。この順序は、けっして見誤ってはならない。社会構造や文化形態は、あくまでもそれぞれに固有な民族的生活様式の上に立てられたのであって、その逆ではない。だから、或る民族に特有な精神構造を説明するために、その民族がすでに形作っている社会構造や文化形態の特異性を出発点とする論法は、本末転倒とはいわぬまでも、少なくとも著しく一面的な見方である。重点を置かれなくてはならないのは、むしろ、その民族の社会的、文化的な特徴が、どのような精神構造から、さらにはどのような生活様式、どのような生き方から生まれて来たものなのか、を問うことである。

それならば、このような諸民族の生き方自体の多様性、その民族的差異は、どのようにして説明されうるのだろうか。この興味深い問題に学問的な考察を加えた先駆者は、ヨーハン・ゴットフリート・ヘルダーであった（"Ideen zur Geschichte der Menschheit" 1784）。ヘルダーは、この地球上の至るところで、それぞれの身体的・精神的特徴を備えた諸民族が、それぞれに固有の歴史を形成しているという事実の基礎に、それぞれの土地に見られる特徴的な風土（Klima）の、人間形成への関与があるものと考えた。人間は、さまざまな風土の中で、自己自身をさまざまに風土化（klimatisieren）する。

このヘルダーの思想を継続して、これをハイデッガー的な立場から解釈学的に理解しようと試みたのが、和辻哲郎である（『風土』、一九三五年および『倫理学』下巻、一九四九年）。和辻によれば、風土とは「或土地の氣候氣象地味地形景観などの総稱」であり、それは自然科学的な「自然環境」とは違ったもの、われわれ人間の自己存在の様式を人間学的・存在論的に規定するものである。例えば、われわれが「寒さ」を感じるという場合、われわれは「寒氣を感ずる前に寒氣といふ如きものの獨立の有を」知っているわけではない。わわれわれは、「寒さを感ずることに於て寒氣を見出す」のである。それは、われわれ自身が「寒さの中へ出てゐる」ということに他ならない。われわれは、「寒さを感ずるといふことに於て寒さ自身のうちに自己を見出す」のである。このようにして、われわれはさまざまな「氣象に於て先づ我々自身を了解」し、「氣候の移り變りに於ても先づ我々自身の移り變りを了解する」。このような自己了解が気候、気象に止まらず、さらに地質、地味、地形、景観に及び、したがっていわゆる「自然」の総体にまで及ぶと考えたとき、このような自己了解の場としての自然が、「風土」として規定されることになる。

和辻風土学の細目に立入る前に、私たちはまず、このように「風土」として規定されうるような自然が、またこのような自然と人間との関係が、どのような形で私たちのこれまでの問題連関の中に入って来るのかを、考察しておきたい。

私はさきに、日本的な自覚構造においては、自己は自己の根拠を自己自身の外部に見出している、と言った。このことは、差当っては「対人関係」の場で言われたことであったけれども、自己と自然との間の出会いについても、これとまったく同じ構造が見出せると思うのである。私たちは、自己をこちら側に置き、自然をあちら側に置いて、自然を「対象」として見る見方に慣れている。しかしこのような主観・客観の対立した関係は、すでに反省的意識の産物なのであって、なんらの反省も加えられていない「純粋経験」においては、そのような主・客の対立関係は存在しない。そこでは、見る自己と見られる自然とが、まだ完全に一体をなしていて、「見る」とか「見られる」とかいう意識すらも成立していない。それは端的に事実そのまま、としか言いようのない境地である。

この原初的な事実そのままの純粋経験においては、自己はまだ自己として意識されておらず、自然はまだ（対象的）自然として意識されていない。自己が自己として立てられ、自然が対象的自然として立てられて、その間に主観と客観の関係が成立するのは、この純粋経験の事実が反省作用によって破られて、いわゆる意識というようなものが生じた時である。だから、自己にとっての自己の存在というようなものは、けっして最初から自明のこととして確立しているわけではない。自己とは、たえず自己ならざるもの（ここでは自然）との間の純粋経験的・事実的な出会いを通じて、この出会いが反省意識によって破られることを契機として、この出会いから生まれ出てくるものである。フッサールのいうような、こちらからあちらへと向かっている志向作用のようなものが根源的事実なのではない。こちらはむしろ、あちらの側から触発されることによって、こちらとあちらとの間が分化してきたもの、強いて方向性を言うならば、むしろあちらの方からこちらの方へと向かう「逆志向」から生まれた産物なのである。

したがって、まずはじめに「出会い」があり、「かかわり」があり、「間《あいだ》」がある。このような「間」から、自己が自然に相対立するものとして自覚されて来るような場合に、われわれはこの「間」の「間柄《あいだがら》」を「風土」という語で言い表わすことができる。風土とは、人間が自己をそこから見出してくるところの、自己にとっては外部的な、自己と自然との出会いの場所である。

自己と自然とが一であることによって、自己と自然が二となり、自己と自然が二であることにおいて自己と自然が一である――このような根源的事実の言表については、これはまったく禅的東洋的思考の独壇場だということができる。無数に可能な例示の中から一つだけ選んで、道元が『正法眼蔵』「渓聲山色」の中に引いている問答を挙げておこう。

「長沙景岑禅師にある僧とふ、いかにしてか山河大地を轉じて自己に歸せしめん。師いはく、いかにしてか自己を轉じて山河大地に歸せしめん。いまの道取は、自己のおのづから自己にてある、自己たとひ山河大地といふとも、さらに所歸に罣礙《けいげ》すべきにあらず」。

自己を自然に帰するのも、自然を自己に帰するのも、所詮は一つのことなのであって、自己がおのずから自己である、という要点さえつかまえておけば、どちらをどちらに帰するかなどという問題にかかずらわることはない、という意味である。

ここに道元が引用した長沙の原文をも、あわせて掲げておこう。

「僧問、如何轉得山河國土、歸自己去。師云、如何轉得自己、成山河國土去。僧云、不會。師云、湖南城下好養民、米賤柴多足四隣。其僧無語。師有偈曰、誰問山河轉、山河轉向誰、圓通無兩畔、法性本無歸」（景徳傳燈録十、長沙景岑章）。

湖南ノ城下民ヲ養フニ好ク、米賤《ヤス》ク柴多ク四隣足レリ、この風土を見ている自己と、この自己に見られている風土と、いずれがいずれに帰するというようなものではない。自己は風土において自己であり、風土は自己において風土である。

人間は地球上のいかなる土地においても、いかなる時代にあっても、常に変ることなく、風土の中に自己を見ながら生きてきた。ヘルダー的にいえば、自己を風土化《クリマティジーレン》することを通して自然の中に住みついてきた。人間が事物をいかに見、いかに考えるかということは、この自己の見出し方いかんにかかっている。西田幾多郎の言うように、世界が自覚する時、我々の自己が自覚し、我々の自己が自覚する時、世界が自覚するのであって、自己がどのように自覚するかということと、世界がどのように見えてくるかということとは、帰するところ一つである。世界がどのように見えてくるかによって、文化とか社会とかいわれるものの基本的な構図が出来上る。だから、文化とか社会とかいうものは、その歴史的発展において、個人の経験様式や思考様式に対して、いかに大きな作用を及ぼそうとも、それが発生する時点においては、つねに個人の自己と自然との出会い方に、個人の自己が自己を風土の中に見出す仕方によって基礎づけられている。(ただし、この「発生時点」というのは、けっして時代史的に固定された、どこか或る一つの時点を指しているのではない。文化や社会は、刻々に発生し続けているものなのであって、その刻々において、風土化された自己の自覚が関与し続けているものと考えねばならぬ。)

そこで問題は、この地球上のさまざまな土地に、さまざまな文化が発生し、その発生の底にさまざまな風土の様相があるという、この多様性はどうして出て来たか、ということである。いうまでもなく地球上の各地域は、地形学的、気象学的、生物学的にそれぞれ異なった条件を有している。アジアの湿潤な沃土とアラビアの沙漠と、ヨーロッパの乾燥した緑野とは、それぞれにまったく異質な自然である。ヘルダーは、「人類はこの地上にかくもさまざまな形で現われていながら、しかもすべて同一の人類である」(『イデーン』第七章第一節)という前提から出発して、「この唯一の人類が地上の至るところで自己を風土化している」(同第二節)と言う。しかし私は、この前提に疑問を感じている。はたして私たちは、すべて同一の人類の一員なのであって、たまたま日本という土地に住みついた日本人の血を受けているが故に、自己を日本的に風土化しているのであろうか。自己を風土化する以前の、白紙の状態の人間というようなものが考えられるのであろうか。

日本人は日本という土地に生まれたから日本的になり、ヨーロッパ人はヨーロッパという土地に生まれたからヨーロッパ的になったのではなくて、日本人はすでに日本人として、ヨーロッパ人はすでにヨーロッパ人として、生まれて来るのではないのか。日本人は、いわば生まれる前から、「父母未生已前」から日本人なのではないのか。私は、人類学については何も知らない。しかし、これは人類学の問題ではない、あるいは人類学以前の問題である、と私は思う。人間は自己を白紙の状態から風土化するのではなく、生まれた時から、否、生まれる前から、すでに風土の一部なのではないのだろうか。風土の「風」は風俗の「風」である（『大言海』）。「風土」ということには、人間の生活ということが含まれていなくてはならない。この点は、和辻風土学においても十分に強調されていない嫌いがある。人間は、ことさらに自己を「風土化」しなくとも、人間であることによって、すでに風土そのものの構成分をなしている。

だから私は、この地球上に多種多様の風土があり、多種多様の文化があるということの底には、「すべて同一の人類」ではなくて、多種多様の人間があり、多種多様の生き方があるのだと思う。これらの多種多様の人間は、しかしながら現実には、大きくいくつかの集団にわかれて、民族とか国家とか呼ばれるものを形成している。その中には、まったく人為的な地図上の境界線で区切られた、純政治的アイデンティティーとしての国家もあるだろうし、日本のように、「われわれ日本人」という血縁史的、風土史的なアイデンティティーで結ばれた国家もあるだろうし、それからまた、ユダヤ人のように、もっぱら宗教的アイデンティティーだけで結ばれた民族もあるだろう。

しかし、私たちの当面の課題は、人間のものの見方、考え方の多様性を、その底にある人間の生き方の多様性、つまり人間と自然との出会い方の多様性から、それも日本と西洋との比較ということをいつも念頭において、考えていこうとすることにある。日本人にとって自然とは何か、生きるとはいかなる事か、また西洋人にとって自然とは何か、生きるとはいかなる事かの問題から、日本文化と西洋文化の対比という媒介を経て、日本的な精神構造と西洋的な精神構造の差異という問題への道が開けると思うからである。

2 風土の了解

和辻風土学の作業は、地球上のさまざまな風土を大きく三つの類型に、つまり東アジア沿岸一帯のモンスーン的風土、アラビア、アフリカ、蒙古などの沙漠的風土、ヨーロッパの牧場的風土に分類することによって着手されている。和辻はのちに(『倫理学』下巻)、これにさらに二つの類型、すなわち蒙古からシベリアにかけてのステッペ的風土と、新大陸におけるアメリカ的風土とを加えて、計五つの風土類型を叙述している。このうち、私たちの当面の課題にとって問題になってくるのは、モンスーン的風土とそれの特殊型としての日本的風土および牧場的風土である。

種々の風土型を分類するのにあたって、和辻がなによりもまず着目したのは、湿度という契機であった。東アジア沿岸のモンスーン地域の風土は、暑熱と湿気との結合をもってその特性としており、その中でも日本の風土は、熱帯的特徴を帯びた夏の大雨と、寒帯的特徴を帯びた冬の大雪との交替をもって、その特徴としているという。これに対して、「牧場」によって象徴されるヨーロッパ的風土の特性は、夏の乾燥と冬の湿潤との間の綜合として規定されている。

東アジア沿岸の農耕民族にとって、湿潤は自然の恵みを意味し、人は自然に対しても受容的である。しかし、同じこの湿潤が、時としては大雨、暴風、洪水、旱魃《かんばつ》などの形で、自然の暴威をも意味し、かかる圧倒的な自然は、人間をして対抗を断念させる。したがってこのような自然に対しては、人は忍従的であるよりほかない。そこで和辻は、モンスーン域の人間の風土的構造を「受容的・忍従的」と規定する。

これに対してヨーロッパの牧場的風土にあっては、夏の乾燥が雑草の生育をさまたげ、冬の湿潤が穏やかな冬草の芽生えを促して、全土を牧場たらしめる。雑草が育たないために、農業労働には自然との戦いという契機が欠けている。自然は人間に対して従順である。しかしこの「自然の従順さ」をよりよく示しているのは、地上の草よりも、むしろ全体的な気象である。例えば、ヨーロッパの風は一般に弱く、かつ一定方向から吹いて来る。端正で規則正しい樹木の形がそれを示している。わが国では人工的と合理的が結びつくのに対して、ヨーロッパでは自然的と合理的とが結びつく。自然はその法則性をいわば露出している。人間がこれに気づき、この法則を見出せば、自然はいっそう容易に支配しうる。そこで和辻は（『倫理学』下巻）、牧場的人間の根本的態度は、能動的・静観的、あるいは自然的・合理的となる、という。

このような和辻風土学の見方は、いわば哲学的・直観的である。これに対して、より自然科学的・実証的な調査に基づいて発言する文化地理学者や文化人類学者の側から、かなりの異論が提出されたのは、言ってみれば当然のことであった。なによりも、東アジアの暑熱と湿潤との結合に対比された、夏の乾燥と冬の湿潤との綜合としての牧場的風土が文字通り妥当するのは、実は南部ヨーロッパの地中海沿岸であり、私たちが真に日本と対比させたいアルプス以北の中部ヨーロッパの風土は、地中海沿岸とは非常に違っている。湿度だけを取ってみても、中部ヨーロッパの夏の湿度は、必ずしも南欧のそれのように低いとは言えない。雑草が少ないことは確かであるが、それは必ずしも夏季の乾燥だけの理由だけによるのではなく、飯沼二郎氏（『風土と歴史』岩波新書）も指摘しているように、ヨーロッパ全土をほとんどおおいつくした三回の氷河期の影響をも考えなくてはならないだろう。いずれにしても、アルプスの南北にまたがるヨーロッパ全体を、南欧式の牧場的風土という単一のカテゴリーでまとめようとした和辻風土学の理論には、説得力に乏しい部分があることは間違いない。

しかし、和辻風土学をそれ以後の風土論から区別する最大の特徴は、それのディルタイ的な意味における「了解」的態度である。ディルタイによれば、いっさいの文化的、歴史的世界は生の表現、生の客観化されたものであり、これは自然科学的な因果連関を求める説明によってではなく、そこに自らを表現している生そのものの内的連関を追体験することによってのみ把握されうる。この追体験の過程を、ディルタイは了解となづけるのである。この了解の概念を精神病理学の中へ導入したヤスパースは、これをさらに静的了解と発生的了解に区別する。或る人が怒っているのを見て、その怒りそのものを追体験して了解するのが静的了解であり、その人が例えば誰かに侮辱されて怒っているのだ、というように、或る心的現象が他の心的現象から発生して来る意味連関を追体験するのが、発生的了解である。

ここで私たちの問題にしている風土が、自然科学的・生物学的な意味での自然環境としてではなく、人間と自然との生命的接触の仕方、自然との出会いの場における人間の生き方の様相として捉えられるべきものである以上、これが文化や歴史と同様に生の表現として見られなくてはならないことは言うまでもなく、このような風土の成立を、因果連関的に説明しようとするのは、すでに方法論的な誤りであるといってよい。ディルタイ的に言うならば、このような風土もやはり了解的にのみ捉えられうるのであり、ヤスパースの区別によるならば、このような風土の成立は、発生的了解の方法をもってのみ追体験されうる。

風土を追体験するというのは、どういう意味であろうか。一般に用いられている「追体験」の意味は、或る他人の心中を思いやり、自分でその人の身になって感じとる、ということである。その場合、怒っている人の気持ちを追体験するのに、自分自身も怒りを感じる必要は毛頭ない。そこで要請されるのは、一種の想像力、構想力のようなものである。或

この構想力の働きは、ヤスパースのいう発生的了解に際してはいっそう重要である。

る人が侮辱されて怒っているのを追体験する場合、われわれはしばしば、彼が実際に侮辱されて、その結果として怒っているのだという事実を知らなくても、彼の怒りそのものの中に侮辱に対する口惜しさを見てとることができる。そしてこれを、それ以外の、例えば攻撃されて怒っている状態とか、信頼を裏切られて怒っている状態とかから、直観的に区別することができる。つまり、静的な了解と発生的な了解とは、ヤスパースが考えたほど截然と区別されうるものではなくて、静的了解は必ずその構成契機として発生的了解を含んでいる。そして、われわれは彼の現在の怒りの動機となっている事件を具体的には知らない以上、この発生的了解はわれわれの構想力において、はじめて可能になる。

　これと同様に、或る風土を追体験するということは、自らをその風土の中に住まわせてみる、それも単なる観光客としてではなく、構想力においてその風土を構成する生きた住民となり、その風土において自己を風土化した人間となって、その風土を思いやるということである。この場合にも、この了解的な思いやりの中には、必ず発生的了解の構成契機が含まれている。つまり、或る地方の人たちの共通した生き方、ものの見方、考え方といったものの中には、そのような風土的心性を成立せしめた風土的契機が、直観的に見てとれるのである。

　現実に与えられている事実的データを結果として前提し、それに対する何らかの原因を仮定して、この原因からの因果連関的・説明的な推論を行なって、それが現在与えられている結果と一致した場合に、事態が解明されたものとみなす方法は、例えば自然科学的医学における病因論的診断に際して常用される方法である。例えば、左半身に運動麻痺が生じている場合、大脳右半球の病変という原因を仮定すれば、これが運動神経の伝導路の交叉によって裏付けられた因果連関的推論によって、左側半身麻痺という結果を完全に説明できるが故に、ここで病変の局所診断が可能となる。さらにその場合、血圧とか、眼底所見とか、脳脊髄液の所見とかのいくつかのデータが結果として前提され、それに応じて、大脳の一定個所における出血による組織破壊というような原因の推定を許すならば、病因論的診断はますます確実になる。

或る風土の成立の事情を、自然科学的に説明しようとする態度は、この医学的診断法の態度と同一である。つまり、結果として前提できるような事実的データをできるかぎり数多く集めれば、それだけ精密度の高い原因の想定が可能となり、この原因の仮定によって因果論的に現在の結果が説明されうるならば、この仮定が正しかったものとみなされる。

これに対して、風土の発生的了解に際してとられる態度は全く異なったものである。風土は全体として一挙に与えられ、しかもこの与えられかたそれ自体の中に、それの成立の事情もまた、直観的に与えられている。この場合にも、その風土に関する経験が豊かになれば、それだけこの直観も確かなものとなるけれども、それは、データの豊富さに伴って精密度を増す自然科学的推理の場合とは、違った意味においてである。つまりそれは、構想力の可能性を増大せしめることによってである。したがって、このような直観は、出発点となる構想力の優秀さの度合いによって、つまり、それを見る人物の眼力の程度によって、大きく左右されることになる。和辻風土学の独創性は、和辻哲郎という人の想像力、構想力の豊かさに負うものであって、彼の論理的、因果論的思考力とは無関係のものである。

さて、同じく怒りと呼ばれうる感情についてその動機に多種多様なものが考えられるのと同様に、同じく侮辱と呼ばれうる動機から生じる感情も、その侮辱の微妙な様相の違いによって多種多様なものでありうる。或る場合には憤激が、或る場合には悲しみが、或る場合には軽蔑が、また或る場合は一種の快感すらも、侮辱から生じうるだろう。これは、「侮辱」という短い単語で表現されている事態が、実は人と人との言語を絶する複雑な心理的出会いであるからにほかならない。侮辱の与え方、侮辱の受取り方は、一回一回の侮辱という事実ごとに、それぞれ異なったものといわなければならない。

風土に関してもこれと同じことが言える。「湿度」とか「温度」とかは、自然科学的な見地からは一定の数値によって一義的に表現しうるものであるかもしれない。しかし、現実の人間生活の中においては、湿度や温度は、温度計や湿度計の数値以上の、それとは全く別次元のなにものかである。それは決して一義的なものではなく、そこに生活している人の生き方によって、あるいは湿度や温度と出会う人の出会い方によって、あるいは和辻的に言うならば、湿度や温度の中で自己自身を見出している人間存在の自己発見の仕方によって、それぞれに異なったものとして受取られる。

　だから、例えば日本とヨーロッパの気象条件が、或る面で数量的に一致したからといって、これはけっしてその気象条件が両地域の風土の差異、文化の差異、精神構造の差異の契機ではありえないということを意味するものではない。その気象条件との出会い方、それの受取り方が違うなら、それはやはり別種の風土を形成する契機となるのである。

　例えば冬の雪と寒さを例にとろう。北日本の冬も北ヨーロッパの冬も、同様に寒さは酷しく、雪は深い。ところが、日本の冬が人間をして屋内に閉じこもらせ、活動力を麻痺させるのに対して、北欧の冬はけっしてそのようなことがない。雪による物理的制約という点を度外視すれば、ヨーロッパ人は冬が寒く、雪が深いからということだけのために、活動力を減じて屋内に引きこもるということをしない。スキーやスケートのようなスポーツが日本に発生しなかったのは、そのためではないかと思う。ここでは寒さや雪は、明らかに異なった風土的契機をなしている。寒さと雪の数量的な値が類似しているからと言って、これを風土的規定から除くことは許されないことになる。

　別の例を挙げるなら、『日本人とユダヤ人』（山本書店、角川文庫）の著者イザヤ・ベンダサンは、日本人とユダヤ人との家畜に対する態度の相違を主張して、日本人にとって「四つ足はけがれたもの」であったから過去の日本人は牛の肉を食べなかったし、この

「けがれたもの」の処理に従事する人びとを穢多非人として差別したのに対し、一方牧畜民であるユダヤ人は家畜を宗教的に聖なるものと考え、したがって屠殺は祭司の聖なる務めであった、と書いている。ところでこのユダヤ人の家畜観は別として、ベンダサンは、日本人の家畜観については大変な誤りをおかしている。日本人は、家畜をけっして「けがれたもの」とはみなして来なかった。ベンダサンの説とは逆に、家畜はけっして「畜生」ではありえなかった。ユダヤ人にとって家畜が貴重な財宝であったと同様に、日本人にとっても家畜は（農民にとっては農耕労働における、武士にとっては戦闘における）かけがえのない同僚であり、戦友であった。屠殺人が差別されたのは家畜が「けがれたもの」だったからではない。家畜を殺すということが「けがれたこと」だったからに違いない。

『肉食の思想』（中公新書）を書いた鯖田豊之氏は、ヨーロッパ人がわれわれから見ると実に残酷な仕方で畜肉を食べながら、一方では熱狂的に動物愛護を説く矛盾について、ヨーロッパにとって食肉動物を食べるために殺すことは、神の定めに基づいたことなのであって、けっして残酷なことではない。彼らは動物を大切に育てた上で食用に供するのであって、動物愛護と動物屠殺がみごとに同居している、と書いている。

このような「人間は神の似姿であって、他の動物は人間に食べられるために創造された」というような人間と動物との「断絶論理」は、日本には存在しない。ベンダサンの誤りは、自らのうちに深く浸みついたこの「断絶論理」を、日本人にも適用しうるものと無意識的に考えたことにある。このことはまた、異国の風土について直観的追体験を行なうことがいかに困難であるかをも示している。

さて、ユダヤ人にとっても日本人にとっても同じように、動物は貴重な存在であった。しかし、この動物に対する敬愛の念とでもいえるような一見類似した態度が、一方では肉食を他方では菜食を生み出している。この相違の底には、一方における人間と動物との間の断絶観が、そして他方における両者の同体観が考えられなくてはならない。「畜生」という概念すら、元来は輪廻の一段階であり、本来的には人間と同性のもの、人間の生まれ変りを意味していた。このような背景的な差異を考えなければ、肉食や菜食の習慣を了解することは不可能なのである。

風土とは、説明されるべきものではなくて了解されるべきものである。それは何らかの原因に基づく結果ではなくて、現在の風土のあり方それ自体の中に見出すことのできる何らかの契機の意味的連関における表現である。このような趣旨に沿って、私たちは以下、日本的風土とヨーロッパ的風土を改めて考え直してみたいと思う。

3　日本の風土、西洋の風土

日本の風土と西洋の風土を比較してみて、直観的にまず了解されることは日本の風土の非合理性と断続性であり、これに対する西洋の風土の合理性と連続性である(ここで「西洋」とは、アルプスの南北両地域を含んだ西ヨーロッパ全体を指す)。ここで日本の風土を非合理的としてネガティヴに規定したのは、いわゆる「合理性」がすぐれてヨーロッパ的なものであり、ヨーロッパにおいては自然なあり方がそのまま合理的だという風土的特徴が見られるために、これに対しての否定的規定を述べたにすぎない。詳しく言うならば、日本の風土にはヨーロッパ的な意味での合理性が欠けている、ということである。いずれにしても、このようなネガティヴな規定が不満足なものであることは言うまでもなく、以下においてそれのポジティヴな規定を試みることになるのであるけれども、ここでは一応、西洋の風土との対比において「非合理的」という表現を用いておくことにする。「断続的」という規定も一見ネガティヴな規定であるように見えるけれども、この場合には、そのままポジティヴな規定と取っておいて差支えない。逆に、西洋の風土の連続性の方を非断続的とネガティヴに規定することもできるからである。

日本の風土の非合理性と断続性、西洋の風土の合理性と連続性は、それぞれに分ちがたく結びついた一体をなしていて、これを現在の地平に投影してみれば、合理的、非合理的ということになり、時間経過の面でみれば、連続的、断続的といえるような事態を表わしている。

日本の風土の非合理性、断続性は、和辻もすでに指摘している風土の多面的な二重構造に現われている。すなわち日本の風土の特徴をなす湿気は、自然の恵みであると同時に自然の暴威をも意味し、また日本の風土そのものが熱帯的であると同時に寒帯的であり、さらに日本の気象の変化は（台風によって具体的に示されるように）季節的である反面突発的でもある。

これらの多面的な二重構造は、しかしながらそれぞれに密接に結びついている。例えば自然が人間にとって恵みであるのは、それが「規則正しい」季節的な移り変りへの期待を満す限りにおいてであって、梅雨期の降雨や夏の高湿高温は、稲作農業にとっては欠かせない必要条件である。このような季節性を前提としてのみ、日本人は季節ごとに姿を変える自然の美を嘆賞することができた。季節的変化ということが、もし日本人の生活の基礎を支えるものでなかったならば、季節そのものを愛するという日本的美意識も生まれなかったに違いない。

ドイツ語では、四季のことをJahreszeitenと言う。これは文字通りに訳せば、一年の間のいろいろな時期という意味であって、これは全く暦の上の区分にすぎない。ドイツでは、昼間の時間と夜の時間との変化に着目して、これが等しくなる春分の日と秋分の日を、それぞれ春の開始、秋の開始と呼び、これの差が最大となる冬至と夏至を、それぞれ冬の開始、夏の開始と呼ぶ。ドイツの四季は、このようにまったく自然科学的に定められた人工的な区分に過ぎぬ。

ヨーロッパで何年かを過した経験のある人なら誰でも知っていることであるが、ヨーロッパには春と秋との季節感というものがまったく存在しない。ヨーロッパの夏は輝かしく、ヨーロッパの冬は陰鬱である。この二つの季節感は確かにある。ところが冬から夏への移行、夏から冬への移行は、そこに独立した春や秋の介在を許さずに、いわばきわめて唐突である。しかもそれは、或る日まで冬であったものが翌日から急に夏になるというのではない。極端に言えば、一年中を通じて冬的な日と夏的な日、もっと極端に言えば、冬的な時と夏的な時との二種類の時しかなく、原則的にほとんど大多数の時間が冬的であるような時期を冬と呼び、逆に、原則的にほとんど大多数の時間が夏的であるような時期を夏と呼んでいるだけのことである。それはいわば、まったく量的な関係なのであって、日本で言ういわゆる春と秋とに相当する時期には、冬的な日と夏的な日とが混り合って、量的に伯仲していずれとも決しかねるだけのことである。大雪がやんだかと思うと、水泳でもしたくなるような暑さがやってくる。暑さがひとしきり続いたと思うと、暖房なしには過せない寒い日が訪れる。ヨーロッパでは、月間を通じて一回も暖房を必要としないのは、七月と八月の二カ月間だけだと言われる。つまり、この二カ月間は、量的な見地から完全に夏的な時期なのである。

したがって、ヨーロッパには衣替えの習慣も存在しない。真夏でも、寒い日があれば毛皮のコートを着用して一向におかしくない。さきにも言ったように、この冬的、夏的は厳密に言うと時間単位のものであるから、朝家を出る時冬的であったのが、午後には夏的になるということも、いくらでもある。そんな日には、街頭には毛皮のコートと半袖のシャツとが肩を並べて歩く、といった光景も見うけられる。

ヨーロッパでも、春には梅や桜の花が咲き、秋には木々が色づく。そしてヨーロッパ人にとっても、やはりそれは美しいものであることに変りはない。しかし、それはあくまでも、花そのものが美しく、山の黄色が（ヨーロッパの木は紅葉せずに、黄色になる）美しいのであって、日本のように梅の花に春を感じ、紅葉に秋を感じているのではない。「春ハ梅梢ニ在リテ雪ヲ帯ビテ寒シ」（道元『正法眼蔵』「梅華」）とか、「み渡せば花も紅葉《もみじ》もなかりけり浦の苫屋《とまや》の秋の夕ぐれ」（定家）とかいう態度とは根本的に違う。

右に、ヨーロッパの冬と夏との変化は唐突だと言った。これには多少の註釈を必要とする。ヨーロッパの夏的な気候と冬的な気候との交替を「唐突」と感じるのは、まったく日本人的な感じ方なのである。それは、日本の四季の質的な相違に慣らされている眼から見ての唐突さなのであり、量的変化を質的見地から見たときに、必ず生じる唐突さなのである。四季を量的にしか見ないヨーロッパ人自身にとっては、冬と夏との移行期に生じるこの混乱は、むしろ当然のことなのであり、けっして唐突な断絶とは感じられない。ドイツの童謡に、「四月よ、四月よ、四月はいったい自分でどうしたらよいのかわからないでいるのだ」という意味のものがある。四月は質的断絶の季節ではなくて、量的混乱の季節である。それはむしろ、連続性の一こまを顕微鏡的に拡大して見た時の非連続的混乱であるにすぎない。

ヨーロッパの季節のことを長々と書いたが、それは日本の四季の真に質的な断続性、非連続性のことを言いたかったからである。唐木順三氏は『日本人の心の歴史』（筑摩書房、ちくま学芸文庫）において、日本人の季節感の歴史的変遷を鋭く考察しているが、その「はしがき」には次のような文章がみられる。「日本人が鋭敏な感受性をもってゐると、さきにいったが、それを最もよく示してゐるのが季節感といってよい。我々日本人は、眼で、耳で、鼻で、また肌で、舌で、季節や季節の推移を感じる。雪の色や形で、風や雨の音で、松茸やさんまを焼くにほひで、乾いた、また湿った空気で、しゅんの食物で季節を感じる。……そしてまた、咲く花のにほふが如くといって、時勢や人生の全盛の感情をそれに託し、落葉において凋落を、秋の夕暮において寂寞を歌った。……別にいへば、心が季節の景物において、景物が心において歌はれてゐる」（傍点筆者）。つまり、「我々日本人」にとって、ここで四季の断続性、非連続性といわれるものは、そのまま日本人の心の断続性、非連続性に通じていると思うからである。

季節がこのように花鳥山水の具体的個物において自己を現わしているということと、四季がそれぞれに独立の存在として、それぞれに対する生き方を通じて生きられているということとは、密接な関係がある。「はるきぬと人はいへども鶯のなかぬかぎりはあらじとぞ思ふ」（壬生忠岑、『古今集』）のように、暦の上では春になっても、鶯が鳴かぬ限りは、春は存在しないのであり、春は生きられていない。西洋の四季が寒気と暑気、陰鬱と陽光との両極間を振動する、いわば物理的な量的変化によって連続的に推移するのに対して、日本の四季は、梅の蕾がほころび、若草が萌え立ち、鶯が鳴くことによって、ほたるが飛び、入道雲が起こり、蟬がやかましいことによって、雁が渡り、虫が鳴き、紅葉の散ることによって、雪が降り、月が冷たく、鴨が水を渡ることによって、具体的に春夏秋冬なのであって、そこには突然の断絶があり、非連続の質的変化がある。

それだけではない。日本人の心の中には、この断絶的変化そのものを「あはれ」と感じ取る傾向が強い。ことに、春から夏へ、秋から冬への変化は、ことさらに人の心に訴えるものがあったに違いない。「飛花落葉」という言葉で自然の変化、遷移が言い表わされ、それとの類推で世間と人生の無常が思われた（唐木順三『無常』筑摩書房、ちくま学芸文庫）。このような思い入れは、西洋の四季においては、まったく不可能なことである。

四季のことに少々こだわりすぎた。私がここで言いたかったのは、季節美のことではなくて、日本の自然の断絶性、非連続性のことであった。そして、それはそのまま、自然の非合理性というか、非法則性というか、具体的な偶然性によって左右される場当り性と密接に関連している。そしてこの偶然への随順は、日本の稲作農業の性格にもっともよく現われている。

苗代に播かれた籾《もみ》が発芽して苗となり、それが生育して本田に移植されるまでの期間に梅雨が来る。適度の梅雨は苗の生育にとっての必要条件であるが、予期せぬ大雨や、いわゆる空梅雨《からつゆ》は、むしろ苗に対して致命的な打撃を与える。田植えが終った後の夏の雨も同じことである。集中豪雨や洪水は田圃を根こそぎ押流してしまうし、反面、晴天が続けば旱魃のおそれがある。真夏には雑草が繁殖し、田の草取りは日本の農業労働をきわめて苛酷なものにするが、雑草の生育せぬような気候では稲も実らない、穂が出揃って刈取りを待つばかりの時になって、台風が襲来する。現代のような気象測候術の発達していなかった時代には、台風はまさに天の怒りのごときものであったろう。台風ははやてであり、はやてはまた、当時は致命的な疫病であった疫痢をも意味していた。両方共、まさに予測不可能な災厄以外のなにものでもなかったのである。恵みとしての自然と暴威としての自然は、まさに紙一重の裏表なのであり、これがどう転ぶかは、人間の努力をもってしてはどうにもならぬ、天の定めなのであった。

西洋の農業は、この点でまったく様相を異にしている。西洋の自然が合理的だ、と言うのは、さきに述べたような理由からやや同語反覆的であるが、とにかくそこには一定の法則があって、この法則は容易に例外を許さない。ドイツの四月は「自分でどうしたらよいのかわからない」とさきに書いたが、そのように定かならぬ天候が四月に訪れてくるということは、歌に固定されて学校唱歌として歌われているほどにまで、必然的に決定されたことなのである。ドイツの四月は、法則的に不順であると言ってよい。

和辻哲郎も言っているように、ヨーロッパの農業労働には、自然との戦いという契機が欠けている。土地は一度開墾されればいつまでも従順な土地として人間に従っており、人は耕した土地に小麦や牧草の種を蒔いてその生長を待っていればよい。麦の間に他の草が混るとしても、それは麦よりも弱い。「農業勞働が容易であるといふことは、自然が人間に對して従順であるといふことにほかならない」。

ヨーロッパの自然は、日本の自然のように暴威を振わない。ヨーロッパにも大雨や洪水はある。しかしそれは、法則性を根本から揺がすほど頻繁なことではない。数年前のフィレンツェの水害が如実に示したように、ヨーロッパの都市は水害に対する構えをまるで欠いている。だからひとたび洪水が起ると、その被害は呆れるほど大きい。ということは、そういう災厄が統計的確率から見て、まず起らないということである。それがもし起ったら、それこそ沙漠での交通事故のようなもので、これはまったくの椿事なのである。

「自然が従順であることは、かくして自然が合理的であることに聯絡してくる。人は自然の中から容易に規則を見出すことが出來る。さうしてこの規則に従って自然に臨むと、自然はますます従順になる。このことが人間をして更に自然の中に規則を探求せしめるのである。かく見ればヨーロッパの自然科學がまさしく牧場的風土の産物であることも容易に理解せられるであらう」（和辻哲郎『風土』）。

日本人が自然に対して取りうる姿勢は、これとはまったく別種のものである。予測不可能な、つねに破滅と紙一重の風土の中では、人間はただ自然そのものの中へ身を投げ入れ、自然の動静をいわば肌で感じとり、急変の微妙な兆しを自己自身の内部における体感的な予感として察知することによって、臨機応変の処置を講じる以外の態度を取りえない。そして、この応急の処置すらも不可能な破局的激変の可能性に対しては、ただひたすらに自然を神格化して、天地に対して祈りを捧げ、天地のこころを和らげるための呪術を行なうことだけができるのみだったのである。

唐木氏も、「田作りは人間の恣意、己れの我執を離れて、山河大地の自然に随順しながら、天地の恵みをここに結晶してゆく行事であった」と書いている（『日本人の心の歴史』）。西洋の自然が人間に従順であるとするならば、日本では人間が自然に従順でなくてはならなかった。

しかし、人間が自然に従順でなくてはならぬ、ということは、自然が苛酷であって人間に絶対服従を強いるという意味ではない。もしも、西洋の自然は温和で親しみやすく、日本の自然は冷酷で近づき難いと言うならば、日本を知っている西洋人は異口同音に反対するに違いない。唐木氏は、嘉永六年（一八五三）に長崎に来たロシアの作家ゴンチャロフの『日本渡航記』（岩波文庫）を引用している。「少しも怖ろしいところはない。すべては微笑《ほほえ》む自然である。山々の蔭にはきっと谷や野が笑ってゐることだらう」。そして下田に駐在した初代のアメリカ総領事ハリスは、その『ハリス日本滞在記』（岩波文庫）の中で、「下田よりも健康に適した風土は、確かに今迄のところ世界に発見されてゐない」とすら嘆賞している。

これらはすべて、日本を外から見る滞在客の見方であって、日本の自然を相手として生計を立てている日本人の見方ではない、と言えるかもしれない。しかしそれならば、万葉以来の日本人の心の中に脈打っている自然との合体の歓び、自然への限りない愛着は、どうなのか。ノーベル賞受賞式典で「美しい日本の私」について語った川端氏は、この講演の中で一カ所として、日本の自然の美しさについて、あからさまに述べたてていない。それほどまでに、日本の自然の美しさは日本人の心の隅々にまで滲みわたってしまっている。「美しい」と口に出して言うことすら、美を損ねることに通じるような、そんな美しさ、親しさ、良さを、日本の自然は持っている。

大野晋氏は『日本語の年輪』（新潮文庫）の中で、英語のネイチュアに当たる純粋の日本語が存在せず、シナ語から借りた「自然」の語をそれに当てるより他なかったと言い、ヤマト言葉に「自然」の語がないのは、古代の日本人が、「自然」を人間に対立する一つの物として、対象として捉えていなかったからであろうと思う、と述べている。「ヨーロッパ人にとって、自然は、人間がそれに働きかけ、変革し、破壊し、人間に役立つものを作り出す素材である」。これに対して「基本的には、日本人は自然を、人間に対立する物、利用すべき対象と見ていない。むしろ、自然は人間がそこに溶けこむところである」(『日本語の年輪』)。

西洋人は、自然を利用し、自然を支配するという目的のために、自然と友好関係を結び、自然を自己に従順な物とした。日本人にとっては、自然という物は存在せず、むしろ生活の一こま一こまの中に自然が宿っている。だから、日本人が自然を感じとるひとつひとつの局面には、いわば日本人の生活がかかっている。唐木氏の言葉をふたたび引用すれば、「一枚のせまい田圃の稲のそよぎに、自然の恵みを感じるといふ感じ方、四季の推移を感じるといふ感じ方は、春は梅の梢にあって雪を帯びて寒しといふ感じ方と遠くはない。……百姓は乾坤《けんこん》を田において感じるといふ生活様式を身につけてゐる」(『日本人の心の歴史』)。日本人において、生活と自然とは一枚である。そして、生きることに誠実であろうとするものは、自然に対して誠実でなくてはならぬ。日本人は自然から支配され、征服されて自然に従順なのではない。自然と一枚になっている自己の生命に誠実であるということが、自然に随順するということと、そのまま一体をなしている。

しかし、実生活は詩歌の世界のように美しいというだけではすまされない。食うか食わぬか、生きるか死ぬかの生命がかかっている農民にとっては、自然は生活と一枚というだけではすまされない、もっと真剣な問題として、自然との対決ということがあったであろう。そこには、自然の怒りを買えば「祟り」としての災厄に見舞われ、生命を落さねばならぬという、自然への畏怖のようなものも当然存在したに違いない。そしてまた、「触らぬ神に祟りなし」として、自然を敬遠する態度も、当然あったことだろう。自然が生活と一枚になっているだけに、自然と人間との間は、最も近いと同時に最も遠いものでもあったはずである。ここに、日本人の自然に対する一種両価的《アンビヴァレント》な一体感が認められる。そこにはヨーロッパの風土におけるような、人間と自然との「距《へだ》てに於ける共同」(和辻)は不可能である。日本の風土における人間と自然との関係は、これにならって言うならば、「距てを超越した相即《そうそく》」とでも表わせるかもしれない。距ては最初から超越されているのであるから、そこでは無限の遠さも無限小の近さも、無距離的相即という点では同じことに帰してしまうのである。

日本の風土では、人は真の自己を自然の側に委託してしまっている。自己は己れ自身を自然の中に見出さねばならぬ。そして、人間の側に残された虚像的な自己が、自然の側に吸収された真の自己に対して、無限の親愛の情を示すと同時に、無限の畏怖を抱いてこれを敬遠するのである。

4　風土と人間性

和辻風土学においては、風土が人間の構造を規定し、同時に人と人との「間」を規定する、と言われる。例えば、それ自体合理的で従順なヨーロッパの風土は、そこに住む人の構造を合理的・自発的なものとし、個人と個人との間の距てにおける共同という間柄を可能にした、と見られるのである。また、日本における人と人、ことに男女の「間」は、「激情を内に蔵したしめやかな情愛、戦闘的であると共に恬淡なあきらめを持つ戀愛」として特徴づけられるが、これは日本的風土が人間の構造を受容的・忍従的たらしめ、さらにこれが熱帯的・寒帯的および季節的・突発的という二重の二重性格によって、「豊かに流露する感情が變化に於てひそかに持久しつつその持久的變化の各瞬間に突發性を含むこと、及びこの活發なる感情が反抗に於てあきらめに沈み、突發的な昂揚の裏に俄然たるあきらめの静かさを蔵すること」として規定されていることの反映に他ならないとされる。

前々節に述べたように、これは和辻の直観的洞察によって追体験されたことであって、これに対して因果連関的・説明的な異論を持ち出すのは、筋違いと言わねばならない。しかし私には、和辻は或る一つの重要な現象を追体験し、了解し、それの意味連関を求める作業を見落していたのではないかと思われる。和辻は日本における人と人との間を「距てなき結合」と規定して、これを西洋人の場合の「距てにおける共同」と対比しているが、この際に、日本的対人関係には（前節に述べた対自然関係と同様の）無限大の距離を置いた「素気なさ」、あるいはやはり「触らぬ神に祟りなし」的な「知って知らぬ顔」という面もあることを、しかもこれが日本的対人関係を極めて独得の、外人には不可解なものにしている大きな契機であることを、見逃していたのではないかと思うのである。

　板坂元氏は『日本人の論理構造』（講談社現代新書）の中で、日本人は不吉なこと、危険を招来するおそれのあることを口にする時に、よく「我が身じゃないが」というようなまじないをするくせがあるという。「……の言葉じゃないが」とか「かけまくもかしこき」とか、さらには「言っちゃあ悪いけど」などの言い回しも、この種のタブーに対するまじないだと言うのである。この呪文による責任回避、責任転嫁の態度には、「触らぬ神に祟りなし」と同一の自己防衛的心理機制が働いている。これを和辻のいう「距てのないしめやかな結合」と意味的に連関させるのが無理な相談であることは、言うまでもない。

　私たちはもう一度、風土と人間性との関係の根底に立ち戻って見なくてはならない。何故に一定の風土は、そこに生きる人間に一定の刻印を押すのであろうか。日本人の人間性は、日本の風土との間にどのような意味連関を有するのであろうか。

　さきに私は、同一の人類がさまざまの風土において自己を風土化し、それによってさまざまな歴史が発生したのだ、というヘルダーの見解に反対して、人間は自己を「風土化」する以前に、すでに風土の一部なのであり、日本人はすでに日本人として、ヨーロッパ人はすでにヨーロッパ人として生まれてくるのではないのか、と述べておいた。ただしこれは、人間は生まれながらにしてその風土にふさわしいものの見方、考え方を身につけているのであって、わざわざこれを風土から教わる必要はない、と言う意味ではない。人間のものの見方や考え方、一般に人間の生き方というものは、やはり、自然との出会いを通じて、つまり風土を通じて、だんだんと身についてくるものなのである。その意味では、人間が自己を風土化する、というヘルダーの表現は当を得ている。

しかし、「やっぱり血は争えないものだ」という言い廻しがある。日本で生まれて日本で育ち、言葉の上でも生活様式の点でも日本人と区別できないような外人がある。しかし、そのような外人と接していると、ときとしてふと、やはり血は争えぬ、という感じを抱くことがある。日本的なものの見方、考え方をし、日本の風土の中へ自己を一体化させていながら、そこにどこかちぐはぐな、異質的なもの、場違いなものが感じとられる時、われわれは、やはり血は争えぬ、と感じるのであろう。

ではこの「血」とは何なのか。本書の冒頭の部分で、私は日本人の血縁史的自己同一性《アイデンティティー》ということを言った。われわれは日本人の血を受け継いでいる。この言い廻しは、われわれが日本人の心を受け継いでいる、という言い廻しよりももっと深い。心は、いわば物心《ものごころ》ついてから以後の人から人へと受け継がれていくのに対して、血はすでに物心のつく前から、体から体へと流れて伝わっていく。それは、ものの見方や考え方を心で会得するだけではどうにもならぬ、人間の体に刻み込まれた自然の刻印のようなものである。

このようにして、人間が自己を風土化するに際しては、すでにそれに先立って、一定の風土化を受け入れる準備性のようなものが、人間の側にあらかじめ備わっているのではないだろうか。人が肉体を与えられてこの世に生まれて来るとき、その肉体はすでに風土の一部を分取して、風土的に一定の素質を帯びて生まれてくるのではないのだろうか。だから、それとは違った風土的刻印を帯びて生まれてきた人が、日本の風土に自己を風土化しようとするとき、そこにはどうしても無理があるのではないのだろうか。

血は争えぬという場合の血にあたるこの風土的刻印を、具体的事実に即してそれと名指すということは、ほとんど不可能に近いことである。それはまだ形を与えられておらず、表現を与えられていない、生そのものの原型のようなものなのだから。

日本に長く住んで日本人というものをよく知っている或るドイツ人と話をしていたとき、この人は日本人の酔っぱらいとドイツ人の酔っぱらいとを比較して、日本人のほうが無形態《アモルフ》ですね、と言ったことがある。ちゃんとして折目正しい紳士のつもりでつきあっていた人が、酒宴の席になるとまるでならずもののように乱れてしまうのが不思議でならないのだそうで、ドイツ人にはこういう現象はあまり見うけられないという。私も何年間かドイツに住んでいたので、この感じはよくわかる。ドイツで酔っぱらいにからまれた経験は何回もあり、ドイツ人の酔っぱらいが全部、無形態《アモルフ》にはならないで折目正しいなどと言うつもりはない。しかし、やはり大多数の人は、どんなに酔っても芯はしっかりしていて、表面は陽気に浮かれていても、どこかに一本、折目正しい筋を通しているところがある。日本人が酔っぱらった場合に、まずもって見失われるのがこの一本の筋であるように思われてならない。

もちろんそこには、飲酒についての社会的習慣の相違ということもあるだろう。酒の上のことだから大目に見る、という社会の側の態度は、少なくともドイツでは日本ほどにははっきりしていない。また、日本人はふだんは余りにも自己を抑えすぎているから、酒を飲んだときにその反動が来るのだというような、心理学的な解釈も可能かもしれない。それからさらに、日本では酒を飲んでも端然としているほうが不自然であるために、やや意識的に態度を乱すというような場合もあるかもしれない。しかしこれらすべての可能性の底に、こういった可能性を準備しているなにかがありはしないだろうか。酒の上なら乱れてもよいという社会的慣習そのものが、酒を飲めば乱れるものだ、という事実に根差したものではないのだろうか。

この点に関して興味深いのは、精神病者における態度の乱れである。日本の映画やテレビドラマなどに「狂人」が登場して来る場合、それはいつも判で押したように、異様な身振りとか、乱暴狼藉とか、場違いのしゃべり方とかでもって表現されることになっている。このような狂人の表現法は、西洋の映画などにはあまり出てこないのではないか。外国映画に出てくる狂人は、いかに根本的に狂っていようとも、少なくともごく表面的な態度では、常人とそんなに変らないように画《えが》かれることが多いのではないだろうか。

実際の精神病患者を見ていると、日本人の場合でも、全部が全部、映画やテレビに出て来る狂人のように髪ふり乱してわめき散らすわけではもちろんない。またドイツあたりにも、一見して精神錯乱が見てとれるほどにひどく態度の乱れる患者も、もちろんいる。しかし、なんといっても動かしようのない事実として、精神病になって外面的な言動にひどい乱れの来る興奮錯乱性の精神病が、日本に多くドイツに少ないことだけは確かである。正確な統計があるわけではないけれども、その差はおそらく十倍ではすまないだろう。

この現象も、社会心理学的に説明しようとすればできないことではない。私自身はアメリカの精神病者のことを知らないが、日本とアメリカとの間にもこれと同じような相違があるらしく、或るアメリカ人の学者はこれを次のように説明している。つまり彼によると、日本の社会は礼儀を重んじ、アメリカの社会は合理的認識を重んじる。精神分裂病はいずれの場合にも、その社会の規範に対して破壊的な出方をするので、日本の患者は礼儀を乱して攻撃的となり、アメリカの患者は合理的認識を失って妄想的になりやすいのだというのである。しかし、私にはこのような説明はなにかきわめて表面的な思いつきにしかすぎないように思われる。相違はむしろ精神病そのもの、あるいは精神病にかかっている人間の構造そのものの側にあるのではなかろうか。

酔っぱらいの場合とは違って、この場合には、気違いだから大目にみる、というような社会的習慣は存在しないのだし、患者が、気違いだから気違いらしくしないとおかしいと思って暴れているわけでもなかろう。ふだんは自己を抑えているから、気が狂ったときに自己を発散するのだ、という見方はできるかもしれない。しかしこの場合には、ふだんの自己の抑え方そのものに問題が含まれているということになろう。自己がすぐに崩れやすい性質をもっているからこそ、ふだんは精一杯の努力でこれを抑えているのかもしれないのである。

この酔っぱらいの例と狂人の例について考えてみるとき、私にはどうしても、日本人の生まれつきの体質そのものが、なにかしら壊れやすさ、脆さのようなものを持っているのだとしか思えない。酔っても狂っても行動を乱さないのを連続的で合理的だと名づけるならば、私は日本人の体質そのもの、日本人の血そのものが非連続的で非合理的なのだと思う。これを西洋人の眼から見れば、形態が無くなって、無形態《アモルフ》だということになるのだろう。

さきにも触れたように、和辻は日本の風土が日本人の人間構造を受容的・忍従的にし、この受容性と忍従性がそれぞれに、熱帯的にして寒帯的、季節的にして突発的という風土的特徴によって複雑な規定を受けて、「變化の各瞬間に突發性を含みつつ前の感情に規定せられた他の感情」への「調子の早い移り變りを要求」される受容性、「あきらめでありつつも反抗に於て變化を通じて気短かに辛抱する忍従」、「繰り返し行く忍従の各瞬間に突發的な忍従を蔵している」ような「綺麗にあきらめる」忍従性という形態をとるのだと言う。これはまさに非合理的・非連続的な精神構造にほかならない。そして私は、このような精神構造が、風土の中に自己を見出していく見出し方というだけにはとどまらず、いわば風土の一部としての日本人の血なのだと思う。和辻は「風土も亦人間の肉體であった」と書いているが、逆に人間の肉体はそれ自体、風土なのである。

人間の肉体や精神、総じて「人間性」と呼ばれうるものは、それ自体風土である。日本人の人間性は、そのまま日本の風土である。日本の風土が断続的・非合理的であるということは、そのまま（その結果ではなく）日本人の人間性も断続的・非合理的だということである。それは突発的激変の可能性を含んだ規則的変化として、気短かな辛抱として現われてくる。

日本人の肉体や精神がこのような構造を持っているとするならば、あるいはむしろそれに先立って、日本人における人と人との間も、同じ構造をもっていなくてはならない。人と人との間、自分と相手との間には、突発的激変の可能性を含んだ持続性が、気短かな辛抱という忍耐が支配している。この特徴が、日本人の対人関係を決定的に特異的なものにしているのである。

このように矛盾を含んだ予測不可能な対人関係をうまく乗り切っていくためには、自分がいかに合理的に計算してみても何の役にも立たない。西洋人は西洋の風土と同様に規則的・合理的にできているから、西洋での対人関係を維持するこつは、相手がいついかなる行動に出るかを予想し、自分がこう振舞えば相手はこう応じてくるという規則を身につけて、自分自身が規則的・合理的に行動するということに尽きる。自分と相手との間に遠すぎも近すぎもしない至適距離を保って、その距《へだた》りの上で相手の動きを観察して自分の動きを定めていけばそれでよい。ところが日本人の間では、このような対人関係は成立しえないのである。

突発的な激変の可能性を含んだ予測不可能な対人関係においては、日本人が自然に対して示すのと同じように、自分を相手との関係の中へ投げ入れ、そこで相手の気の動きを肌で感じとって、それに対して臨機応変の出方をしなくてはならない。自分を相手にあずける、相手次第で自分の出方を変えるというのが、最も理にかなった行動様式となる。このようにして、日本人の人と人との間は或る意味では無限に近い、密着したものとなる。そこには、厳密な意味での「自己」と「他人」はもはや成立しない。自己が自己でありつづけるためには、自己は相手の中へ自己を捨てねばならぬ。そして、相手の中に自己をもう一度見出して、それを自分の方へ取り戻さなくてはならぬ。

しかし、このように相手の側へ自分を預けるということは、それ自体、非常に危険なことである。これが安全を脅さないためには、西洋人の信頼関係とは次元を異にした、より深い一種の「身内《みうち》」意識がなければならぬ。相手が自分の身内であるという意識は、相手も自分に自己を預けているのだという意識である。「気心が知れている」という意識である。気心の知れない余所者《よそもの》に対しては、安んじて自己を預けるわけにはいかない。相手も簡単には気を許してこない。日本人の人間関係が、自己を互いに相手に委ねあうということにおいて成立しているのだとすると、このような気の許せない相手との間には、人間関係は最初から不可能である。余所者に対する日本人の態度は、必要以上に「よそよそしい」。人と人との間の距離は無限大にまで隔絶する。西洋人に不可解の念を抱かせる日本人特有の他人に対する無関心さ、冷淡さは、もとを探れば、日本人の人間性が予測不可能な突発性を含んでいるという、風土的規定に帰着する。逆に、西洋人の他人に対する信頼、快適な距離を置いての他人との協調も、西洋人の人間性自体が予測可能な規則性を身につけているためであろうと思われる。

和辻哲郎は、ヨーロッパの風土的特性の中に自然科学興隆の原因を見てとっていた。私は、同じことが心理学についても言えるのではないかと思う。人の心を客観的に対象化して、その法則性を探求する心理学のごとき学問は、まさしく牧場的人間の人間的風土性の産物にほかならない。日本には古来、人の心についての詩や哲学はありえても、心理学は成立しえなかったのである。

最後に、日本の風土と西洋の風土とのこれまで述べてきたような相違は、本書におけるわれわれの考察にとってきわめて重要な、次のような帰結をもたらしてくる。西洋人が自らの対自然関係や対人関係を支配しているこの風土的な規則性・合理性・予測可能性をはっきりと意識したとき、そこからは必然的に、このような法則性を可能にした根源としての世界創造の秘蹟といったものへの畏敬と讃嘆が生じて来ざるをえないだろう。西ヨーロッパの風土とはまったく異質の沙漠的風土に発生したユダヤ教が、キリスト教の形で西ヨーロッパに伝えられてそこで定着したいきさつについては、門外漢の私が云々すべきことではない。ただ、そこにはなんらかの意味で、このような世界創造を司る神への信仰を準備するだけの風土的条件がととのっていたのではないか、と私は思う。

　これに対して日本では、前にも述べたようにそのつどそのつどの当面の自然、当面の相手が予測不可能な変化を内蔵しており、自己はこれに対してひとまず自らを任し切るという形でか、あるいはひたすら自己防禦的な形でかのいずれかの態度でもって向い合わなくてはならない。ここでは人と自然との間、人と人との間が、そのつどそのつどの絶対的権威の所有者となる。日本における信仰が、やや誤解を招き易い表現で「汎神論的」だと言われるのも、このような点に基因しているのではないだろうか。日本人にとっては山川草木のすべてが、現に自己の前に姿を現わしているままの形で、そのまま神なのであり、草木国土悉皆成仏なのであり、あるいは道元が端的に言い切っているように、「艸木叢林《そうもくそうりん》の無常なる、すなわち佛性なり、人物身心の無常なる、これ佛性なり、國土山河の無常なる、これ佛性によりてなり」ということになる。日本人は自然の神秘を垂直線上にある創造主と結びつけることなく、いわば水平面上で、そのつどそのつど現在の自然の相の中に見出した。また人間の本質をも、垂直線上にある神の似姿としてではなく、水平面上における現実の人と人との間柄の動きの中に見てとっていた。個人の存在の基礎を超個人的な一種の超越者に求めるという点では同じであっても、一方がこれを垂直線上に自己自身の中心部の真上に見出しているのに対して、他方はこれを水平面上においていわば自己の外部に見てとっている。これが、前章に述べた西洋的な義務と道徳に対する日本的な義理と人情、あるいは西洋的な罪の観念に対する日本的な恥の観念の、さらには第一章に述べた「われわれキリスト教徒」に対する「われわれ日本人」という集合的アイデンティティーの根本になっている差異なのではあるまいか。

第四章　日本語と日本人の人間性

1　人称代名詞と自己意識

或る国の言葉に特有で、他国語に直接には翻訳できないような単語や語法を手懸りにして、そこからその言葉を用いている国民の論理構造、精神構造、ものの考え方などを探ろうとする手法は、最近特に好んで用いられているものである。例えば、さきに述べたように日本語には「自然」に相当する土着語が存在しないのに、自然の事物を表現する語彙はきわめて豊富であるのは、前章に述べた日本人の自然への具体的密着性を如実に示すものと考えることができる。自然と密着して同体となっているために、抽象概念としての「自然」を客観化することができず、自然を自然一般としてではなく具体的風物において見てとっているために、それらの風物に関する語彙が豊富となったものと考えてよい。

このような日本語特有の語や語法の中でも、精神構造論的あるいは精神病理学的な見地から特に興味深く、また重要であるのは、人称代名詞の用法であると思う。なぜならば、人称代名詞とは自己および特定の他者について、その個体的なアイデンティティー、あるいは主体性を代表し、それを言語的に表出する機能を持っており、日本人と西洋人とのものの見方、考え方の相違は、これまでに繰返し述べてきたように、なによりもまずこのような自己および他者の主体性のありかたの相違に基づいていると考えられるからである。

他者の主体性、つまり或る他者が誰であるかということは、つねに自己の主体性、自己が誰であるかということと密接に関連していて、窮極的にはこれに還元されてしまう。他者を二人称あるいは三人称の人称代名詞で名指せるためには、自己を一人称の人称代名詞で呼ぶという思考構造、体験構造が確立していなくてはならない。そしてこのことは、けっして人間にとって自明の能力ではないのである。幼児の発育過程においても、人称代名詞の用法が確立するのはかなり言語機能の進んだ時期、つまり自己および他者の自己同一性と不変性についての、すなわち自己あるいはその人称代名詞で名指される特定の他者が、つねに変らずそれ自身であり続けることについての十分な認識が可能になった時期においてである。

まず一人称代名詞についてみると、自分自身に関する事態を言い表わすのに「私」とか「ぼく」とかの抽象的な代名詞を使用しうるということは、右にも言ったようにけっして最初から自明のことではない。言葉を覚えはじめた当初の幼児は、まだ一人称代名詞を使用することができない。最初にはまず、自分がつねに変らぬ自分であり続けることについての意識が全く存在しないと思われる時期があり、この時期には行為や知覚の主体としての自分自身がいかなる形においても言語的に表出されることがない。この時期に続いてたいていの子供には、自分自身を具体的な固有名詞で名指す時期が訪れる。大人が自分を呼ぶときにいつも決まって用いる言葉が自分の名前であり、この言葉を用いることによって、自分自身の行為や知覚の主体である「だれ」を言い表わすことができるのだという知識を、子供はいつの間にか身に着ける。そのためには、自分がいつも同じ自分であることについての、なにがしかの漠然たる直観的な自覚のようなものが形成されている必要があるだろう。

次に子供は、この漠然たる自覚の主体、自分が行動したり感じ取ったりする際の統一的中心点のようなものが、自分だけにではなく誰にでも所属しているものであって、大人はそれを「私」とか「ぼく」とか呼んでいることに気付くようになるだろう。この知識の芽生えを促進するものとして、大人が子供に対して一人称代名詞でもって呼びかけるという習慣も考え合わせなくてはならないかもしれない。こうして子供は、一人称代名詞が自分自身の名前の代用をなしうる働きをもっていることに気付くと共に、自分以外の誰でもが同じ一人称代名詞を用いて自分自身に関する事態を言い表わしていること、つまり、行為や知覚の主体としての自分と、具体的な固有名詞をもって名指される人物としての自分との間には、なにがしかの違いがあることに気付くようになる。つまり、固有名詞は自分自身の在不在にはかかわらずいついかなる時にでも自分を代表しているのに対して、一人称代名詞は自分自身が現に居合わせている具体的な対人関係の場において、当面の相手に対する自己の主体性を指して言われるべきものであることを、きわめて漠然とした仕方で身に着けるようになる。

次に二人称代名詞は、原理的には一人称代名詞の成立に伴って成立の可能性を与えられるものであるにもかかわらず、少なくとも日本語においては、その用法が具体的に実現されるのはかなり遅れた時期においてである。幼児が最初の対人関係を結ぶ相手である母親、ついで父親や兄弟たちは、おそらく一生涯を通じて、けっして二人称代名詞でもって名指されることはないだろう。もしも父や母に対して「あなた」などという代名詞を用いる人があったとしたら、この人はすでに親を親とは見ていないことになる。父はいつまでたっても「お父さん」と呼ばれ「父上」と呼ばれる。母は終生「お母さん」と呼ばれ「母上」と呼ばれる。幼いころの「とうちゃん」、「かあちゃん」、あるいは「パパ」、「ママ」などの呼び方を、年とってからも捨てきれずにいる人も非常に多い。そこには、父や母を対象化し、距離を置いて相対する他者と見ることが、いかに困難なことであり、つらいことであるかが物語られている。兄、姉、おじ、おばなども、その間柄が近ければ近いだけ代名詞化され難い存在となる。

幼児においては、友人間でも二人称代名詞はなかなか確立しない。自分に対して一人称代名詞が用いられるようになってからでも、相手は長い間まだ名前や愛称で名指され続ける。そしてきわめて徐々に、やはり大人の世界の真似を契機として、真の二人称代名詞が導入されてくる。しかしおそらく、一生を通じてほとんど二人称代名詞を用いることなしに済ませる人もいるのではないだろうか。

いまこの一人称、二人称の代名詞について日本語と西洋各国語を比較してみると、そこに大きな相違のあることは、これまでも多くの人によって指摘されてきたことである。この相違は、われわれの考察にとっても重要な意味を持つ。

西洋各国語は、それぞれただ一つの一人称代名詞しか持っていない。自分自身を代表させる代名詞は英語ではアイ、ドイツ語ではイッヒ、フランス語ではジュ（客体的自我を特に強調する場合に限り、この他にモアがある）に限られている。しかもこれらの一人称代名詞は、特殊な場合以外にはけっして省略されることがないし、かりに省略されたとしても（ラテン語などではむしろ省略されることが多いが）、それに属する動詞や助動詞の人称変化によって、人称代名詞は潜在的にはつねに表現されている（この点は二人称、三人称の代名詞についても同様である）。

これに対して日本語においては、僕、おれ、おのれ、わし、おいら、てまえ、自分、わたし、わたくし、あたし、うち等々、一人称代名詞のかなり使用頻度の高いものだけでも十指に余る。しかも、これらの代名詞は、日常の自然な会話においてはむしろ省略されることの方が多いし、省略された場合にこれに代って会話の主体を明示しうるような動詞、助動詞の人称変化も存在しない。自己に関することを述べる際に特に用いる動詞、助動詞や助詞というものはあるが、これとても話し手と聞き手の身分の違いや親密度にかかわる相対関係からの影響によって、より多く左右される。Can I help you ? に相当する日本語を、思いつくままに羅列してみよう。「(私が) いたしましょうか」、「(私が) やってみましょうか」、「(ぼくが) やってみてあげようか」、「(おれが) やってやろうか」等々である。

二人称代名詞を取ってみても、西洋各国語には原則として二種類 (現代英語ではユーの一種類) である。ドイツ語のドゥーとジーおよびフランス語のテュとヴの用法には、互いに微妙な相違があって、必ずしも同じ方式にあてはめられない場合もあるが、一応、自分との心理的距離が減少する方向にある相手に対してはドゥーおよびテュ、心理的距離の減少しない相手に対してはジーおよびヴが用いられる、と解して差支えない。だから、ジーとヴが「あなた」に相当する敬語的代名詞、ドゥーとテュが「お前」に相当する卑語的代名詞とする考え方は間違っているし、ドゥーを「汝」に置きかえて、「イッヒ・ウント・ドゥー」というマルティン・ブーバーの著書を「我と汝」と訳したのは、苦肉の策ではあっても、正しい訳とは言えない。

これに対して、日本語の二人称代名詞は、一人称代名詞と同様に数も多く、また自然な日常会話においては、一人称よりもさらに省略されがちである。そもそも、さきにも述べたように、日本人は一般に二人称代名詞を使いたがらない傾向があり、これは特に目上の相手に対して著しい。妻が夫に対して用いる「あなた」は別として、一般に敬語的に考えられている「あなた」、「貴殿」、「貴下」なども、実際にそれを口に出して用いうるのは、対等以下の相手に対する場合に限られる。もし、父母に対し、恩師に対して「あなた」というう代名詞を用いたならば、それはもはやその関係が事実上断絶していることを意味するのである。このようなことは、西洋人にはまったく理解しえないことに違いない。西洋においては、まずもって二人称代名詞で名指されるのは、親であり、兄や姉であるだろうからである。

日本語の二人称代名詞としては、その他、「お前」、「君」、「てまえ」、「貴様」、「そこもと」などが挙げられるだろうが、これらもすべて相手を低く見た卑称であることに注意しなくてはならない。二人称代名詞の省略については、もはや例を挙げるまでもないだろう。Do you go ?に対して「いらっしゃいますか」、「行きますか」、「行くかい」、「行くの」、「行くのか」等々、各種の言い廻しがあるが、あとの三つについては、比較的自然に「君」、「お前」というような卑称の二人称代名詞を付加することができる。

さて、われわれの議論の焦点は、人称代名詞と人格的アイデンティティーの関連という問題であった。西洋各国語においては一人称代名詞はそれぞれ一語しかなく、二人称代名詞は二語あるが、その使いわけはかなり客観的に規定可能である。しかも、それらの人称代名詞は原則的に省略されえないから、西洋人にとっては、人称代名詞を用いることなしに会話をするということは考えられないことである。西洋の幼児は、日本の幼児よりもはるかに早く、一人称代名詞を身につける。それと同時に、二人称代名詞（幼児にとって話し相手はまず第一に家族であるから、ドイツ語の場合はドゥー、フランス語の場合はテュ）も自然に身につくようになっている。ドイツ語のジー、フランス語のヴが、よその大人の人に対して用いられる言葉だということは、小学校に入学するころにはじめて教えられる。しかし、子供にとっては、それまでに身についているドゥーやテュをジーやヴに置きかえるだけのことであるし、それにジーやヴの動詞変化はきわめて簡単なので、子供はこの用法も何の苦もなく身につける。

一人称代名詞が例えばアイの一語だけであるということは、自分というものが、いついかなる事情においても、不変の一者としての自我でありつづけるということを意味している。自己が自己であるということは、いわば既定の事実なのであって、いっさいの言語的表現に先立って決定している。思想というものが、言語を（たとえ内的言語の形ではあれ）予想せずには不可能である以上、このことはまた、自己が不変の自己同一的な自己であるということが、いっさいの思考に先立って既定の事実として前提されていることを意味する。

デカルトは、コギト・エルゴ・スム（われ思う、故にわれあり）と言ったが、実はこのコギト（われ思う）が一人称の動詞で言われている点に注意しなくてはならない。「われあり」の根底として求められたはずのコギトが、すでに「われ思う」として、われの存在を前提としているのである。西洋人にとって、「われ」の問題にならぬような思考などは、想像することすらできぬことである。デカルトがコギトから導き出したスムは、あくまでも反省され、客観視された「われあり」であって、反省以前の主体的な「われあり」はすでにコギトの前に前提されている。そして、私たちがここで人称代名詞との関連において問題にしている自己の主体性《アイデンティティー》とは、実はこのような反省以前の、コギトをコギトたらしめているところの「われあり」なのである。

二人称代名詞がユーの一語だけ、あるいはかなり客観的に使い分けられる二語だけであるということは、自己の前に現われる他者が、それが誰であるか、自己といかなる関係に立っている人物であるかを問わず、すべて一様に「汝」として扱われることを意味する。親であろうと友人であろうと恋人であろうと、また師であろうと弟子であろうと、あかの他人であろうと、それがすべて単一の代名詞でまとめられる「相手」である点に変りはない。つまりここでは、その相手が自己の当面の相手であることのみが問題になっているのであって、その相手が誰であるかということは、まったく無視されている。二人称代名詞で呼ばれる相手は、自己にとっての相手なのであって、相手に即した相手その人ではない。

これは、実に徹底した自己中心主義である。自分の前に現われる他者から、そのいっさいの個別性を奪って、それが自己に対立する相手であるという、自己本位の契機だけを抽象したものが、西洋の二人称代名詞である。自己の前に現われる他者は、生身の具体的人格としての他者であるよりも前に、すでにいっさいの反省思考に先立って、一律にユーという抽象的概念によって物体化されてしまっている。ブーバーが「イッヒ・ウント・ドゥー」というようなことによって、物体的な「それ」とは違った「ドゥー」という呼びかけをもって、根源的に人格的な出会いを表現しようとしても、これは西洋語のくびきの中では所詮無理なことである。ユーとかドゥーとかいわれているものは、自己が自己であることの一つの反映にすぎない。だれか或る他人に向って、「お前は私の相手なのであって私自身ではない」ということを言っているだけのことにすぎない。

西洋語と日本語の違いは、いろいろと挙げることができるだろうが、この人称代名詞をめぐる相違ほど根本的な違いはないと思う。さきにも述べたように、言葉の違いということは考え方の違いということである。西洋人のものの見方、考え方と、日本人のそれとの間には、どのような努力によっても埋めることのできない、決定的な断絶がある。この断絶は、日本人が日本語を用いることをやめ、あるいは西洋人が自国語を話すことをやめたときに、はじめて解消されうるような断絶である。西洋の思想は日本語によっては絶対に表現できないし、日本的な物の考え方は西洋語を用いては絶対に伝えることができない。

その根本的な原因は、人称代名詞の用法にある。

多少余談になるが、ブーバーの『我と汝』が邦訳されて以来、わが国の精神医学、ことに人間学的精神病理学や精神療法の分野の人たちは、こぞってこの言葉をわが国の精神医学の中に導入し、「我と汝」は人間学的精神医学の金科玉条となった。滑稽なことである。これはわが国の精神病理学者、精神療法家が、いかに自己の主体的思考を忘却し、放棄しているかの有力な証拠である。「我と汝」をわが国の精神病理学や精神療法の中へ導入するということは、右にも述べたような理由から、自己中心性と抽象的他者性を導入するということに他ならない。「我と汝」が西洋の精神病理学の中へ導入されたこととは、根本的に訳が違うのである。もっとも、自分が日本人であること、患者が日本人であることを無視して、西洋精神医学の翻訳版の精神医学で事足れりとしているわが国の精神医学者にとっては、やはり「我と汝」の導入は意味のあることだったのかもしれない。

日本語の一人称と二人称の代名詞が、不特定の多数であるということは、積極的にはなにを意味しているのであろうか。それは、自分が誰であり、相手が誰であるかということが、けっして最初から一義的に決定していない、ということを意味している。友人の前では「ぼく」である自分が、先生の前では「私」であり、妻の前では「おれ」である。先生の前では「君」である私は、私の生徒の前では「先生」であり、妻の前では「あなた」である。代名詞である以上、そこにはもちろん完全に具体的な個人は表現されえないけれども、自分が自分に対していかなる一人称代名詞を用いるか、また相手に対していかなる二人称代名詞を用いるかは、そのつどそのつどの全く具体的な対人関係の状況から、おのずと定まってくるのであって、けっしてそれに先立って決定していることではない。

自分が自分をいかなる一人称代名詞で呼び、自分が相手からいかなる二人称代名詞で呼ばれるかということを、私は相手が誰であるか、私と相手との間に開かれる人間関係がいかなる性質のものであるかによって、しかもつねに相手との相互了解の上に立って、直観的に決定している。しかし、この決定はいつも容易に行なわれるとは限らない。私たちはよく、自分を「ぼく」と呼ぼうか「私」と呼ぼうかと迷うことがある。また、例えば警官を相手にする時などにまま起こりがちなことであるが、自分が思わぬ二人称代名詞で呼ばれて面喰うことがある。自分が場違いの代名詞で呼ばれた場合、私たちはいつも、自分というものについての自分自身の表象と相手の表象との喰違いを、身に沁みて感じる。そして、その会話が続行されるうちに、いつしか自分に関する表象が、相手の側からの自分についての表象と同化していくのを経験することがある。教師になりたてのころ、「先生」と呼ばれるのに一種のぎこちなさを持っていても、やがては自分がどこへ行っても「先生」と呼ばれなくてはおかしいと思うようになる。しかしこの先生が、警察署で「お前」と呼ばれているうちに、いつの間にか本当に「お前」になってしまう。

このようにして、日本語においては、そして日本的なものの見方、考え方においては、自分が誰であるのか、相手が誰であるのかは、自分と相手との間の人間的関係の側から決定されてくる。個人が個人としてアイデンティファイされる前に、まず人間関係がある。人と人との間ということがある。自分が現在の自分であるということは、けっして自分自身の「内部」において決定されることではなく、つねに自分自身の「外部」において、つまり人と人、自分と相手の「間」において決定される。自分を自分たらしめている自己の根源は、自己の内部にではなくて自己の外部にある。さらにこのことは、日本語の人称代名詞が多くの場合に容易に省略されることとも関係がある。「なにしてんの」「音楽を聞いてるんだよ」――これを西洋式に言うと、「あなたは何をしているのですか」「私は音楽を聞いているのです」ということになるだろう――においては、「あなた」も「私」も、完全に背景に退いていて、「なにしてる」――「音楽を聞いている」という、事実そのものが、いわば主体なしに前景に出てきている。「いらっしゃいますか」「ええ、参りましょう」でも、「行く」という具体的事実のみが前景に出ていて、誰が行くのかということは、むしろどうでもよいことになっている。

このようにして、日本的な考え方においては、事実そのもの、事態そのものの主体が話者どうしの間でいわば相互了解のうちに前提されていて、それが誰であるかということは問題になってこない。自分と相手との間で現実に問題になるのは、そのつど当面の話題となってくるところの、なんらかの事態である。日常の自然な会話においては、それ以上にそこからその事態の主体が、それ自体として析出して来るまでには至らない。主体の分離抽出をまつことなく、事態が事態として明らかになれば、それで会話の目的が達成される。自己は完全に事態の中に没入していて、特別な必要のある場合に、ことさらにそこから抽出されてくるものにすぎない。

だから、日本語において、話の相手はけっしてまずもって「自己ならざるもの」としての二人称代名詞を冠されることがない。自己が自己として立てられる必要のないところで、自己ならざるものが自己ならざるものとして立てられる必要はまったく生じてこない。なんらかの特別な事情から特定の二人称代名詞がえらばれる場合にも、そこにはけっして「自己ならざるもの」という意味は含まれていない。同一の単語、たとえば「てまえ」とか「われ」とかが、一人称と二人称の代名詞を同時に表現しうるという事実は、このことを雄弁に物語っている。「君」は「ぼく」に対し、「あなた」は「私」に対し、「お前」は「おれ」に対して（この対応も、必ずしも一義的に定まったものではないが）、いわば共通の「間」から同時に析出してきたふたごの兄弟のようなもの、あるいは互いに他の分身のようなものである。自己がまずアイとして自己中心的に設定され、その後に非自己がユーと呼ばれるのではない、自己は相手あっての自己であり、いわば相手の影である。

このような一人称および二人称代名詞の用法には、きわめて日本的な自己および相手のとらえ方が反映している。それを一言で言うならば、個別的な自我および他我、あるいは私と汝に対する両者の間柄の優位といってよい。自己と相手、私と汝がまず確固たる主体として存立していて、その後に両者の間に「人間関係」や「出会い」や「交通」が開かれるのではない。人と人の間、自と他の間ということがまずあって、具体的には自己と相手との間で話題となる事柄がまず最初にあって、自己および相手の人格性は、ことさらに表面に出ないか、かりに出たとしても、つねにこの間から、この事柄自体から析出してきたものとして、したがってつねに相手との間柄を映したものとして、規定されてくる。

森有正氏は最近の論文（「経験と思想（1―3）」、思想一九七一年一〇月）の中で、「『日本人』においては『汝』に対立するものは『我』ではない……対立するものも亦《また》相手にとっての『汝』なのだ……親子の場合をとってみると……子は自分の中に存在の根拠をもつ『我』ではなく、当面『汝』である親の『汝』として自分を経験しているのである……凡《すべ》ては『我と汝』ではなく、『汝と汝』との関係の中に推移するのである」と書いている。しかし、すべてが「汝と汝」だということは、裏を返せばすべてが「我と我」だということに等しいともいえる。もちろんこの場合、「我」とは「汝の汝」という意味においてである。このことは、日本語の一人称複数代名詞である「われわれ」、「私たち」、「ぼくら」が、時によって当面の話相手である「汝」をも含めて、自分と相手との全体に対して用いられるのに、その際にも一人称の単数代名詞そのままの複数形を使うことにも現われているのではないだろうか。この点においても日本語は、独立した一人称複数の代名詞をもっている西洋の言葉とはかなり違っているようである。

「我と汝」が日本においては「汝と汝」、あるいは「我と我」として現われてくるということは、単なる主客未分化とか主客合一とかいう以上の、積極的ななにものかを意味している。主客未分化という場合、そこにはなにか分化への方向性といったものが含まれているし、主客合一という場合には、主客分離の状態といったものが前提されている。日本人における自己と相手の関係には、このような方向性も前提も含まれていない。私が汝であり、汝が私であるという一如相が、それ自体充足し完結した事実として現われている。そして、この「事実」の真のありかは、私も汝も、そこから私となり汝となってくるところの淵源としての、私と汝との間にある。

このことと、第二章で述べた「義理」や「人情」の構造との、あるいは西洋的・キリスト教的な「罪」に対する日本的な「恥」の構造との関連は、おのずと明らかだろう。繰り返して言っておくならば、日本では「私」が誰であり、「汝」が誰であるかは、けっしてそれ自体で決定していることではなくて、そのつどの「私」と「汝」との間、つまり人と人との間のあり方によって、そのたびごとに改めて規定されなおされる。そして、自分が何であるか、誰であるかがそのようにして決定されるだけではなくて、自分がいかにあるべきかもまた、この人と人との間からの規定を蒙っている。ここから、人のあるべきあり方を律する一種の道徳律のごときものとしての「人情」が、また、それによる被拘束性としての一種の義務としての「義理」が生じてくるのであろうし、これに違反した場合には、独我論的に神と結びついたキリスト教的な「罪」の意識に代って、人前での体面が問題になるような「恥」の意識が発生するのであろう。

2 「甘え」について

最近非常に関心を持たれている「甘え」の概念について、すこしばかり考えてみたい。この言葉は、精神分析家の土居健郎氏によって、西洋各国語には的確な訳語を見出すことのできない、日本語独得の言葉であり、したがって「日本人のパーソナリティ構造を理解するための鍵概念」である、として氏の精神分析理論の中心に置かれている概念である。

この「甘え」概念の発見は、日本の精神医学の歴史の中でも、画期的と言える程の重大な貢献であって、日本の精神医学が日本語でものを考えるという、当然のことでありながら従来は看過されてきた仕事を本格的に促進させたという点だけでも、非常に重要な意味をもっている。しかし、先駆者の仕事は絶えず乗越えられなくてはならない。私の以下の考察は、土居氏の「甘え」概念に啓発されたもの、それなくしては生まれえなかったものであるけれども——そして、この点において私は、同氏に心からの敬意と謝意を負うているものではあるけれども——、私なりの能力の範囲内で、土居氏の「甘え」理解に対していささかの問題を提出し、これを契機にして同氏によって拓かれた道を一歩先へ進めようとするものなのである。

さて、土居氏は日本語の「甘え」の意味を説明して、主客合一を願う心、相手との一体感を求めようとする感情、依存欲求、受身的対象愛、母子分離の事実を心理的に否定し、分離の痛みを止揚しようとすること等々のさまざまの表現を用いておられるが、これを集約してみるならば、結局土居氏のいう「甘え」とは、相手から受け入れられ、愛されたいと思う受身的、依存的な愛情欲求だということになるだろう。

土居氏の「甘え」概念に対する私の根本的な疑問は、この点にある。われわれが日常ふつうに用いている「甘え」という言葉は、はたしてこのような「愛情欲求」だけを表わしている言葉であろうか。私はそうではないと思う。

「甘え」という形は、「甘える」（その文語体は「甘ゆ」）という動詞の連用形が名詞的に用いられたものである。『大言海』によれば「甘ゆ」の元来の意味は「緩ク馴ルル（辛カラヌ）」意であって、中国の語原書である「集韻」には「驕、縦恣《ホシイママ》」の解がなされているという。そこで「甘ゆ」の語義としては「人ノ情《ナサケ》アルニモタレル。アイダル」であり、さらにその口語形である「甘える」の項には、「兒童、幼女ノ、父母ノ愛ニ馴レテ、キママニス。ソバエル。ホダエル。アマエタレル」とある。

右に引用した大言海の義解は、土居氏の「甘え」概念とは大分違っている。つまりここでは、甘えの本質は情愛にもたれ、馴れ親しんで気儘をするという点にあるとされ、情愛にもたれようとする依存欲求のことではない。その他の辞書を引いてみても、土居氏のいうような依存欲求的な意味は見出せない。例えば『広辞苑』では、「あまゆ」は「①甘みがある。②馴れ親しんでこびる。馴れ親しんで得意になる。あまったれる。③恥ずかしくて工合がわるい。てれる」などとある。

これらの辞書の解釈は、当然のことながら、われわれの日常的な「甘え」の理解に忠実である。つまり、日本語でいう「甘え」とは、一体化を求める依存欲求を表わす言葉ではなくて、いわばすでに相手に受入れられ、一体化が成立している状態において、もしくはそのような許容が成立しているという自分本位の前提の上に立って、勝手気儘なほしいままの振舞をすることを意味している。それは、なにをしても許される、という馴れ馴れしい気持ちの上から、したい放題の振舞をすることである。

だから、土居氏も言うように、「親子の間に甘えが存するのは至極当然なことであるが、それ以外の関係で相互の間に甘えが働く場合には、すべて親子関係に準ずるか、あるいはそれと何らかのかかわりを持つ場合と考えられる」(『「甘え」の構造』弘文堂、三五頁)のであるが、これはまさに右の理由に基づくものであって、甘えを依存欲求と解さなくても説明がつく。

さて、このような「甘え」の態度は、私の見解では前章に述べた日本の風土性ときわめて密接な関係をもつ。そこでも述べたように、日本的な風土の中では人間は自然と密着し、自然の中に身を入れて、内側から自然の動向に適応していく以外に生きる道はない。日本の風土の中で、人間が安心して生きているときには、人間はいわば自然に対して甘えているのである。自然によって罰せられることがないだろうという馴れ馴れしい信頼感を前提とした場合にのみ、人間はそこで自由に振舞うことができる。

しかし、人間が真の意味で自由に自然に対して振舞っているのは、ヨーロッパにおいてである。この自由も、自然に対する深い信頼に根差している。ただ、日本の場合とは非常に違って、西洋人の自然に対する信頼は、自然の合理性・合法則性によって基礎づけられている。それはいわば理にかなった信頼であり、当然の自由である。日本人が自然に対して信頼をおき、そこで自由に振舞うのは、これとは訳が違う。そこには何の合理的保証もない。自然が災をもたらさないのは、いわば束の間の僥倖であり、偶然である。かといって絶えず次の災害を気にしたのでは、神経がすりへってしまう。日本人だからといって、やはり自然に対して息を抜く時がなければたまらない。そのような時、日本人は自然に甘えている。自然の好意を前提して、気儘に振舞っているのである。

しかし、日本人の「甘え」が「甘え」としての真価を発揮するのは、もちろん対人関係の領域においてである。対人関係が対自然関係と同一の風土的刻印を有するものであることについては、前章で詳しく述べておいた。日本では、人の心もまた予測不可能な激変の可能性を含んだもの、非合理的なものである。相手の支配下に入って相手の言いなりになるか、絶えず相手の心の動きに気をくばって神経を使うかのどちらかでないかぎり、安泰な対人関係は期待できない。そこで、ひとときでも気のおけないくつろぎを味わうためには、どうしても相手の好意に甘えなくてはならない。そこには、相手が許してくれるだろうという、馴れ馴れしい信頼感がある。

西洋人が対人関係の基礎に置いている相互信頼は、これとは本質的に異なったものである。前章に書いたように、そこには人間の心の動きについての、一種心理学的な法則性の認識のようなものがはたらいていて、こちらが合理的に振舞えば、それに対する向うの出方も合理的に予測できるはずだという絶対的な信頼がそこにはある。この信頼があるかぎり、相手に甘えるという必要は毛頭ない。「甘え」は本来、他人の心を読み取るという努力の放棄の上に成り立っているものであるから、西洋的な対人関係のルールを身につけるためには、甘え的な構えはむしろ有害である。だから西洋では、親も子供の甘えをできるかぎり矯正しようとする。

英語やフランス語にはないようであるが、ドイツ語にはちょうど日本語の「甘やかす」にぴたりと当る言葉がある。これは verwöhnen という言葉であって、独和辞典を引くと「悪習に染まらせる、贅沢に慣らす、（婦女子・子供を）甘やかす（我儘に育てる、柔弱にする）」という訳が載っている。この verwöhnen は、gewöhnen（慣らす、習慣をつける）に、

「錯誤、誤謬、不正」を示す前綴の ver- が付いたものであって、この gewöhnen は wohnen（住む、宿にする）と同根である。つまりこの言葉は、元来は子供を誤った仕方で育てて、悪い習癖を身につけさせるという意味が基本になって、「甘やかす」の意味が出てきたものである。ここから、この語は例えば（Duden の Stilwörterbuch から例を引くと）、er hat seine Braut durch Geschenke〔nicht〕verwöhnt.（彼は贈りものでフィアンセの機嫌をとった〔とらなかった〕）とか、das Schicksal hat uns nicht verwöhnt.（運命はわれわれに辛く当った）とかの用いられかたもする。また、du musst dich nicht zu sehr verwöhnen!（gegen Witterungseinflüsse）すなわち直訳すると「（天候の影響に対して）あまり自分を甘やかしてはいけない」という表現は、「あまり天気模様を気にしてはいけない」つまり「あまり寒い暑いと不平を言ってはいけない」の意味に用いられる。私がドイツに住んでいた時、私の子供をドイツ人の前に出すときにはいつも、「私たちは子供たちを verwöhnen しているので」という言い訳をしなくてはならなかった。子供を甘えさせて verwöhnen するのは、親としては恥ずかしいこととされているのである。

西洋人が甘えを「悪い習慣」として除こうとすることと、西洋人が自主独立を尊ぶこととの間には、もちろん密接な関係がある。この意味で、土居氏が「甘えと自分という意識の間には密接な関係がある」（『「甘え」の構造』一二頁）と言っているのは、当然である。しかし、土居氏が、自分の意識は甘えに対立するものであるけれども、甘えにおける一体感を経験したものでなければ自分を持つことができず、その意味で「内心の甘えを前提としている」と言う場合の「自分」の内容は、かなり西洋的な「自己《セルフ》」のニュアンスを帯びていることに注意しなくてはならない。同氏は『精神分析と精神病理』（医学書院）の中で、英語で人格の統一と継続を意味するアイデンティティーという言葉にほぼ相当する日本語は「自分」だと書いておられるが（七〇頁）、これも言うまでもなくセルフの意味においてであろう。

このような、甘えの中では育たないセルフ、しかし甘えを知らぬ孤立の中でも育たないセルフと、日本語の「自分」とは、やや趣を異にしていると私は思う。セルフとは、いかに他人との人間関係の中から育ってくるものであっても、結局のところは自己の独自性、自己の実質であって、しかもそれがセルフと言われるゆえんは、それが恒常的に同一性と連続性を保ち続けている点にある。これに対して日本語の「自分」は、本来自己を越えたなにものかについてのそのつどの「自己の分け前」なのであって、恒常的同一性をもった実質ないし属性ではない。

甘えている人には甘えている自分があり、甘えられなくてすねている人にはすねている自分があり、さらにまた「自分を捨てて」他人のために尽くすといったセルフレスな人にも、それなりの自分がある。ただ、この「自分」は西洋人の言う自我《エゴ》とも違って、自分自身の内部に見出される抽象的実体ではなく、前にも言ったように、むしろ自分自身の外部に、具体的には自分と相手との間にそのつど見出され、そこからの「分け前」としてそのつど獲得されてくる現実性なのである。そして、このように解された「自分」は、原理的にけっして甘えと対立するものではない。

土居氏はさらに、義理・人情と甘えとの関係についても触れ、「義理も人情も甘えに深く根ざしている」(『「甘え」の構造』三二頁)と述べておられるが、この点に関しても、私はやや異なった考え方を持っている。氏は例えば、普通「義理人情の葛藤」と呼ばれている現象を取り上げて、これは一方に義理を尽くすことが他方に義理を欠くことになる場合であって、自分の意志に反してそのような選択を強いられるということであるとし(このことには私もまったく賛成である)、「葛藤の原動力は好意をひきとめたいという欲望なのである。そしてこれはまさに甘えに他ならない」(三三頁)と結論するのであるが、「甘え」の語義を前述のようにとらえるならば、この「欲望」は「甘えつづけたい」という欲望ではあっても、甘えそのものではないと言わざるをえない。「甘え」といわれる状態は、当人にとってはもちろん快適な状態であるに違いなく、この状態を保ち続けたいという願望が生じてくるのは、人間としてまことに自然なことだろう。また、甘えられないでいる場合に「甘えたい」という願望が生じることも自然なことである。しかし、この甘えたい、甘え続けたいという願望が甘えそのものを或る意味では原動力としていても、甘えそのものとは原理的に異なった心の動きであることに十分注意しなくてはならない。土居氏の

「甘え」概念は、むしろ「甘えたいという願望」の意味で用いられているのではないだろうか。

さきに私は、人情をキリスト教的な意味での西洋の道徳に相当する日本的なモラルとして捉えておいた。そして、西洋の義務に相当するものが日本の義理であると考えた。私は土居氏のように「人情の中心的な感情は甘えである」（三〇頁）とは考えないが、少なくとも人情の際立った機能の一つとして、「甘えを許す」働きがあることは疑いえない。『大言海』の「あまゆ」の項に「人ノ情《ナサケ》アルニモタレル」とあるのはまさにこのことを指しているので、したがって私は、人情が甘えに根ざしているのではなく、甘えが人情にもたれているのだと考えたいのである。

これはけっして言葉をひねくり回した理屈ではない。「甘え」という現象が、自即他、他即自という日本的自他同一感に深く根差した一つの派生的現象ではあっても、この同一感自体ではなく、ましてそれの基礎になりうるようなものでもないという点をしっかり押さえておけば、「鈴木大拙が禅の悟りとして説いたものはこのような甘えの肯定的評価に他ならない」（八四頁）あるいは、「われわれは……禅的に主客未分の世界に回帰することによってではなく、むしろ主客の発見、いいかえれば他者の発見によって甘えを超克せねばならない」（九三頁）というような言い方はできないはずである。改めて言うまでもないことだが、禅の悟りと甘えとはまるで無縁のものであるし、禅的ということは「主客未分の世界に回帰」することとはむしろ逆に、「主客の発見、いいかえれば他者の発見」なのである。つまり、禅のめざすところは、いっさいの「甘え」を断ち切って、自己を自己として、他者を他者として立てるという点にある。道元も言う、「佛道をならふといふは自己をならふ也。自己をならふといふは自己をわするゝなり。自己をわするゝといふは、萬法に證せらるゝなり。萬法に證せらるゝといふは、自己の身心および他己の身心をして脱落せしむるなり」（『正法眼蔵』「現成公案」）。ここに「甘え」のはいり込む隙間はない。

土居氏は「父母未生已前」という禅の言葉を引いて、「しかし人間存在は所詮父母を前提としているので、いくら禅で悟ってみても父母を完全に抹殺することはできまい」（八五頁）と言われる。とすれば要するに、土居氏の言われる「人間存在」とは、自然科学的・生物学的な意味での「ヒト」と大差ないことになる。人間とは、ここでは肉体によって存在を与えられ、精神あるいは心という機能を備えた「もの」と解されている。これに対して私の言う人間とは、そのように抽象的に考えられた「もの」以上のなにものかなのであり、肉体と精神の両者が、単にそれがこの三次元の世界へ現われ出るための通路、ないしは手段にすぎないような、なにものかなのである。土居氏の人間は、精神といわれるような機能によって、たとえ肉体を超え出ることはあっても、所詮、その本拠を肉体の内部に有しているようなものであり、私のいう人間とは、肉体だけでなく精神をも超え出るような、自己の本拠を自己以外のところに置いているような、これを強いて三次元的に言うならば、人と人との間にあるという以外にないような、事態を指している。「父母未生已前」というのは、このような自己の真のありかを強いて時間的に言い表わしただけのことであって、現実の父母を前提にしているとか、父母を抹殺するとかいうこととは、まったく何のつながりもない。土居氏と私との見解の相違も、根本的にはこのような人間観、自己観の相違に帰着するのかもしれない。

しかし、土居氏が甘えを依存欲求的なものと解されたことには、それなりの理由があるはずである。つまり、甘えという現象自体の中に、依存欲求とか、一体化を求める傾向とかの解釈を許すなんらかの構造があるはずである。このような構造と、右に述べて来た甘えの本質との間にはどのような関係があるのだろうか。

無心に親に甘えている幼児の場合は別として、やや成長した子供や、ことに大人が他人に甘えるという場合には、そこにどうしても「ないものねだり」とでも言えるような一種の心理的傾向が働いているように思われる。さきに甘えの前提として考えた自他の一体性は、乳幼児期における親子関係においては、まだかなり完全に保存されているものと考えてよいだろう。自分を自分として、相手を相手として分離する個別化のプロセスは、幼児においてはまだ働いていない。

しかし、子供がだんだん成長するに伴ってこの個別化のプロセスが進み、自分ということが意識されると共に相手という現実性が意識されるに至って、この純粋な自他同一の境地は破られる。この分離過程は、子供にとっては苦痛なことに違いない。子供はこの現実の分離を、仮想的な一体性によって補償し、ネグレクトしようとする。そして、もはや本来の意味では甘えられなくなっているにもかかわらず、なおいつまでも甘え続けようとする。要するにそれは、「ないものねだり」なのである。

親との完全な一体性、親からの完全な許容という永遠に失われたパラダイスへの郷愁から の、この「ないものねだり」的な甘えは、実際には、親に対する無理な要求によって親を困らせるという形をとる。子供は実際に、到底買って貰えそうもないものを買ってほしがり、忙しい親の時間を奪って自分との遊びの中にひきずり込もうとし、この願望が容れられないと、わざと親の困るようなことをして復讐しようとする。これが「ないものねだり」の典型的なパターンなのであって、分離の事実をまだ消化しきれないでいる子供にみられる甘えの特徴をなしている。つまりそれは、失われた現実の一体性のかわりに、仮想的な一体性を前提して、現実の一体性の中においてと同様の行動様式を再現するという現象である。土居氏の「甘え」理解は、もっぱらこの時期の子供の甘えへの着目から形成されたものらしく、この種の甘えについてだけ言えば、同氏の所説は大体無理なく妥当するようである。ただし、繰返して言っておくと、この時期の甘えにおいても、自他の一体性はただ単に希求されているだけではなく、仮想的な形ではあれ、すでに前提されているのであって、この前提がなければ、甘えという態度はそもそも成立しない。

一応の分離独立の完成した大人の場合の甘えは、もっと複雑である。この場合にも、「ないものねだり」的な依存欲求といわれうるような構造は確かに認められる。しかし、子供が親に甘えるのとは違って、大人の場合には自分が甘えようとする相手を選択する、という必要が生じてくる。精神分析的な言い方をすれば、その場合に選ばれる相手は、多かれ少なかれ、両親のイメージを投影された人物だということになるだろう。人は、このように選択された相手以外の人物には甘えることができないし、実際に甘えもしない。この場合、選択の基準になるものはなにかというと、それはその相手との間にすでになにがしかの一体化の可能性が感じられるということである。俗に「うまの合う相手」といわれるものがこれに相当する。人は、このようにすでに或る程度の一体化の可能性のある相手を選んで、この一体性を前提として、幼児期の完全な一体性における状態を再現しようとする。このような仮想的な一体性すらも前提しえない相手に対しては、そこにいかに強い依存欲求、被愛欲求が働いていても、甘えという態度をとることは不可能である。甘えることのできる相手とは、甘えにおける我儘が或る程度まで許されることのわかっている相手に限られる。この場合にも、『大言海』のいう「人ノ情アルニモタレル」という解釈が、そのまま成立つ。

大人における甘えの場合、この「もたれ」、あるいは「ないものねだり」は、フロイトの言う「現実原理」によって強い規制を受ける。つまり、甘えすぎて、相手を怒らせてしまっては元も子もないという分別が、ブレーキとしてはたらく。その結果、甘えは自分にとっての満足だけではなく、同時に相手にとっての快感をさそうような、巧妙に仕組まれたものとなる。『広辞苑』の解にある「馴れ親しんでこびる」というのは、このように仕組まれた甘えを指している。

世の中には、甘えの感覚にすぐれた人とでもいえるような人がいる。関西では、このような人のことを「甘えた」と表現している。この「甘えた」は恐らく「甘えたがり」のつづまった形だろうと思うが、関東でいう「甘えん坊」とは、やや趣を異にしている。「甘えん坊」が、誰かれなしに対する甘えの度合の高さを主として表現している言葉だとするならば、「甘えた」の方は、甘えの技術と対象選択の巧妙さをもって、との特徴としていると言えるかもしれない。「甘えた」の人は、人に甘える術にもたけていると同時に、自分が安心して甘えることのできる人を敏感に選択する感受性を豊かにそなえている。「甘えた」の人とはいわば甘えの芸術家である。「甘えた」の人の行動を観察していると、甘えの構造について教えられるところが多い。

「甘えた」の人は、すべて「さびしがりや」であって、土居氏のいう意味での一体化への願望、依存欲求が強い。しかしながら、本当の「甘えた」は、この依存欲求をけっして誰かれなしに表明することがない。彼は、自分とうまの合う相手とうまの合わぬ相手とを敏感にかぎわけて、うまの合う相手に対してだけ、「甘えた」ぶりを発揮する。うまの合わぬ相手に対しては、彼はまるで別世界の人間であるかのような、とりつくしまのない態度を示す。このような人は、如才なく誰とでもつき合うということができない。そのかわり、うまの合う相手との交際はきわめてこまやかである。彼はそこで最大限に相手に甘えるけれども、その際に相手をも甘やかし、この相互許容の関係を永続させるために、天才的な能力を発揮する。むき出しの一方的な依存欲求は、相手との関係にとって致命的なものであることを、彼はよく知っている。

このような「甘えた」の人について特に目立つことは、このような人は他人に対して甘えるだけではなく、自分自身に対しても甘えたがる人だということである。自分に対して甘えるということと、現実に対して甘えるということとは、同義に解してよい。ただしこのことを理解するためには、すでにたびたび書いてきた、自己の真のありかは自己自身の内部ではなくて、自己と他人との間であるという点を出発点にする必要がある。自他の分離が完成していない幼児にあっては、自己はまだこの未分化な自他の間にまどろんでいる。この間が分化してそこから自己と他人との区別が自覚されてくるにつれて、このように自己として意識された自己と、自己の本来の源であり、本来のありかである自他の間との間にも分離が生じることになる。最近流行の言葉を用いて、この過程を「自己疎外」と呼ぶことも可能だろう。自己は本来の自己から疎外され、外化される。

このように外部化され、現実の自己から分離した本来の自己のありかに対して、再同一化の願望が生じるのは当然のことである。この場合には、一体性の前提は最初から立てられているのであるから、土居氏のいう甘えの構造は、ほぼ純粋に実現されることになる。土居氏が、この「自分に対する甘え」を、氏の甘え理論の中心においていないのは、むしろ不思議なことに思われる。実際、土居氏が他人に対する甘えとして記述している多くの現象は、実はこの「自分に対する甘え」として理解すべきもののように思われるのである。

この自分自身に対する甘えの病理的な例として、いわゆる森田神経質者における「とらわれ」の機制をあげることができる。土居氏も氏の著書の中で特に一章を設けて、この森田神経質の「とらわれ」について書いておられるが、この場合にもやはり、これは対人的な意味での秘められた甘えに帰せられている。

森田神経質というのは、森田正馬のいわゆる森田理論に基づいて定義された一種の性格因的神経症であって、素質としての過敏性と、精神傾向としてのヒポコンデリー性基調とによって特徴づけられている。このヒポコンデリー性基調といわれるものは、自己の精神的・身体的な状態に対する過度の配慮であるとして理解してよい。このような過度の配慮、あるいはとらわれのもとでは、自己の心身が完全に健康な状態ではないという気持ちが生じやすく、このような気持ちがいったん生じると、森田のいわゆる精神交互作用という悪循環が起こって、不安と症状の固定とが発展してくる。症状にとらわれることによって、その症状はますます強く意識されてくるようになる。

森田は、このような人は理想主義的で「生の欲望」（あるいは向上欲、自己実現欲）が強いと言っているが、われわれの言葉でいいかえれば、このような人は自分自身に対する甘えの強い人だと言ってもよいだろう。このような人はけっして現実に与えられた自己の状態に完全に満足することがない。そして絶えず、より完全な自己実現という目標の達成を望んでいる。このような自己に対する不満はすべて、自己の元来のありかである自他一如の間から分離析出してきた自己に対する不満なのであって、そこには自己の本源への還帰の願望が秘められている。このような人は、自己の本源との合一という理想的な状態を絶えず仮想して、その仮想の上に立って現実の自己の状態に対する不満を、わがままな仕方で自己に対してぶっつける。これは自己に対する甘えにほかならない。この点で、土居氏がこのヒポコンデリー性基調について「この種の患者は甘えたくとも甘えられない心境にあり、そこに彼らの基本的な不安が胚胎する」と書いておられるのは、十分正しいとはいえない。この「甘えたくとも甘えられない心境」こそ、まさに自分自身に対する甘えなのだからである。

さきに述べた「甘えた」の人は、自分自身に対する甘えの強い人である。このような人は、独善的になりやすく、うぬぼれが強い。一般に、権威に対しての反抗心が強いのに、義理・人情に対しては弱いというところがある。ユング的に言うと、こういう人には女性的原型の方が男性的原型よりも発達している。このような人の自己の本源は、いわば母性的原理によって支配されている。日本人にこのような「甘えた」が多いことは事実のようであるが、それは日本人にとって自然が母性的原理そのものであり、幼児の発育過程においても、母性的原理が特に支配的に作用するからであろうと思われる。

以上、私は私なりの立場から、土居健郎氏のいわゆる「甘え」概念について、批判的な考察を加えてみた。最初にも述べたように、このような批判は土居氏のすぐれた着想と概念発展を土台にしてはじめて可能となったものであり、本質的には土居氏の理解を一歩も出ていないことになるのかもしれない。しかし、日本人に最も欠けている「対決を通じての前進」という姿勢を、私は私なりの「甘え」理解に基づいて試みてみたかったのである。

3 気の概念

日本語において無数に多くの熟語や言い廻しを形成し、それなしには日本人の心情の動きを十分に記述することが不可能であるような概念として、「気」という言葉をあげることができる。そしてこの言葉は、外人にとっては最も理解しにくい日本語の一つに属しているという。この言葉については、私自身これまで主として外国語の論文の中でいろいろと書いてきたし、西洋の精神病理学においても近時注目されはじめているようなので、このあたりでもう一度、私自身の考えを整理しておくという意味も兼ねて、本書の関連の中で論じておきたい。

「気」の用例については、土居健郎氏もいくつかの著書の中で述べておられるし、私自身も『自覚の精神病理』（紀伊國屋新書）の中で多数列挙しておいたが、ここで、その主なものをもう一度例示しておくと、気がある、気の多い、気が利く、気落ち、気おくれ、気軽な、気が重い、気が沈む、気が張る、気がふさぐ、気が強い、気が弱い、気が長い、気が短い、気楽、気苦労、気ざわり、気の毒、気構え、気疲れ、気をつかう、気がつく、気になる、気がかり、気がね、気乗り、気味悪い、気がする、気がない、気がすむ、気が向く、気がもめる、気に入る、気にかける、気にさわる、気にする、気をくばる、気を持たせる、気をまわす、気をつける、気に病む、等々をあげることができるだろう。要するに、日本語において心の微妙な動きを表現しようと思う場合、「気」という言葉を用いずに済ますことは不可能なのである。また、これらの用例を見ると、そのごく一部は「気」のかわりに「心」を使ってほぼよく似た意味を表現することもできるけれども、大多数は「心」では置きかえられないものであることがわかる。つまり、「気」と「心」とは互いに異なった原理の支配下にある異質な概念だと言うことができるようである。

ところで土居氏はこの言葉について、「気は主として人間の感情面の働きを示すように思われる」が、「気が利く」「気が付く」「気を失う」「気が進む」など、「単に感情面の働きではなく、判断力や意志また意識の働きを指すと見られる場合」もあり、また「気が咎《とが》める」という場合は「感情といっても特殊な場合で、良心が咎めることを意味する」というように説明されたあと、「理性・感情・意識・意志・良心等の言葉は元来欧米語の翻訳語であるが、これを一くるめにして気というところに日本語の気の概念の特殊性がある」と書いておられる。しかし私は、気というのは元来「理性・感情・意識・意志・良心」などの教壇心理学的な諸概念を「一くるめ」にしたものとしては理解できないもの、むしろ知情意の種々相が全てそこから出て来る源泉として、知情意の具体的諸相を超え出たものだと思っている。

　右に列挙した「気」の用法を通覧して気づくことは、以前にも書いたことであるが（『自覚の精神病理』一六五頁）、これらの言葉に表現されている「気」は、大部分自分以外の相手との関連において見られており、さらにその多くは、自分自身の「気分」が、相手側の事情のみによって動かされている様子を示している。「気の毒というのは相手の状態が自分の気にとって毒になる意味だし、相手の状態いかんによって自分は気をつかい、気疲れがし、気がねをしなくてはならない。気づくというのは自分の気が周囲の出来事に付着することであり、気になるというのは周囲の出来事が自分の気に大きな負担になるということである」（同）。つまり、気は一応は自分のものとして言われていながら、自分の自由にならぬもの、周囲の情勢次第でいろいろに変化するもの、その意味で「人と人との間」にあるものということができる。気は、土居氏がしておられるように「あたま」「こころ」「はら」などと同列に置いて、それとの異同を論じることのできるような個人心理学的なものではない。

このような気の超個人的性格は、この言葉の元来の宇宙論的な意味に由来している。ここでもやはり『大言海』に当っておこう。そこでは「氣」とは、(一)天地ノ間ニテ、寒暑、陰晴、風雨ナド、自然ニ運リ現ルル象。(二)地球ノ周《メグリ》ヲ圍メル大氣。空氣。(三)香《カ》、烟《ケムリ》、湯《ユ》ナドヨリ立チ上ルモノ。氣《ケ》。(四)萬物ヲ生育スル、天地ノ精。元氣。(五)動物ノ、生キテアル力。タマシヒ。生活《イキ》。精神。(六)息。呼吸。(七)心ノ趣ク所。ココロバセ。好ミ。(八)ココロ。カンガヘ。ココロモチ。オモンバカリ。意思。(九)威勢。氣勢。(十)根氣。機根。(十一)有様。様子。ケシキ。オモムキ。情趣。風致。(十二)野菜ノ、臭氣アルモノノ稱。(十三)十五日、一期ノ稱。である。また、『大字典』の「氣」の項を引くとその字源として、これは气と米の合字で、本来は人に芻米《すうべい》を贈る義であったが、この義は後に餼の字に移って、氣はもっぱら气(空氣)の義とされたのだという。そして气は「大地を包みて動けば風となり、吾人之を呼吸して生活す。すべて萬物生成の根源として云々」とある。

このようにして、気はもともと空気のことであり、それも森羅万象の根源としての空気を意味していた。それが呼吸によって人体に入り、人間の生活力の根源ともなり、そこからさらに、たましいやこころの動きの意味に転じていったものであろう。ここから、気の姿を意味する「気象」の語が天地自然の様相の意にも、個人の気性の意にも用いられることになる。

『「無」の思想』（講談社現代新書）の著者森三樹三郎氏によると、上古の中国人は、万物がこの気で構成されていると考えた。この思想を体系的にまとめたものに『淮南子《えなんじ》』天文訓があって、そこには「最初に虚空があり、虚空のうちに宇宙が生まれる。その宇宙のうちに気が生ずる。気には重さがあり、軽くて透明なものは、うすくたなびいて天となり、重く濁ったものは沈み固まって地となる云々」というぐあいに、陰陽の二気が生じ、そこから万物が構成されていく有様が記述されているという。このような気が人の体内に取り入れられると、孟子のいう「気は体の充《み》てるなり」（気が人間の身体に充満している）ということになり、「浩然の気」とは「至大至剛、直をもって養いて害《そこな》うなければ、天地の間に塞《み》つ」（この上なく大きく強いもの、正しく養えば天地の間に充満するもの）ということになって、人間の身心も天地も、同じ一つの気によって支配されているものと考えられることになる。

このような気の観念は、その後の中国思想史を一貫して流れており、張横渠の気一元論、程伊川や朱子の理・気二元論などに集大成されることになるが、この問題についてここでこれ以上立入ることはやめて、手頃な参考書として、武内義雄氏の『中国思想史』（岩波全書、講談社学術文庫）と、小島祐馬氏の『中国思想史』（創文社）を挙げておくに止める。

空気を万物の根源であると同時に自己の中心的原理と見る着想は、中国だけではなく、古代インドにも、古代ヨーロッパにも見られる。例えば、インド哲学、ことにウパニシャッドの哲学書においては、もともと呼吸、気息を意味するアートマン（ātman、ドイツ語で呼吸を意味する Atem, atmen と同一語源）が生命の根源と考えられ、ここから個人の精神原理、統一の中心としての個我を意味するようになり、さらにこれが万人に共通な普遍的実在者とみられるところから、宇宙の原理であるブラーフマン（梵、最高梵）と結びつけられて、いわゆる梵我《ぼんが》一如《いちにょ》の思想において、万有の窮極の原理にまでたかめられた（この点については、中村元『インド思想の諸問題』春秋社を参照）。

古代ギリシャの哲学においては、例えばアナクシメネスは空気を万物の源《アルケー》と見なし、「われわれの魂《プシュケー》は空気であり、それによってわれわれを支配しているように、全宇宙をとり囲んでいるものも、息であり、空気である」という。このプシュケーという言葉は、もともと風の如きものを意味し、やがて魂を意味するに至ったものである。このプシュケーはまた、同じく空気、呼気を意味するプネウマとほぼ同一視され、ストア学派においては、宇宙はこのプネウマという一種の火気からなり、このプネウマは最も根本的な物質であって、それ自体が増減することはなく、いっさいはプネウマから出てプネウマに帰る、とされた。

さらに、ラテン語のアニマも、元来は気息の意味から心霊の意味に用いられたものであって、これは生命的存在の原理として、アニムス、すなわち思惟的・叡智的な霊魂と対比される。この対比は、近年ユングの分析心理学の中に取り入れられて、男性における女性像の原型としてのアニマと、女性における男性像の原型としてのアニムスとの対比を形成することになる。

このように、空気や風が森羅万象の根源と考えられ、これが気息として呼吸によって人体に入って、人間の心あるいは魂となり、さらには生命の原理とみなされる、という発想は、このようにして古代世界にあまねく行なわれていた共通の考え方のようである。しかし、二十世紀の今日においても、このような見方がなお日常的な言語の中にそのままいきと残っていて、空気や気息と人間の心の動きとを同じ気という言葉で表現して怪しまないのは、中国人と日本人だけぐらいなのではないだろうか。そして、このように元来は超個人的、宇宙的な概念が全く自然に個人的な「心ノ趣クトコロ」として使用されているということが、この言葉に不思議な、外人には理解しにくい性質を与えているのだろうと思われる。

さきに私は、「気」は自分自身の心の動きとして言われながら、実は自分の自由にならぬ、むしろ周囲の事情によって動かされる性質をもっている、と書いた。この点で、「気」と「こころ」とはまったく違ったものである。こころが自分自身の内部に含まれているものであるのに対して、気はむしろ自分自身を超えて周囲に拡がり、むしろ自分を支配し、規制するものである。この点を、二、三の用例についてもうすこし詳しく見ておきたい。「気がつく」、「気にかかる」、「気が向く」、「気を配る」などの一連の言い廻しがある。これらは、かりに「気」を自分の意識のごときもの、あるいはフッサール的な意識の志向作用のごときものと解しても、一応の理解は可能である。つまり、これらの言い廻しでは、なんらかの客観的な対象に主観的な「気」が付着したり、係わったり、方向づけられたり、配分されたりしている事態を表現しているものと考えてよいからである。しかし、これらの言い廻しを、「心づく」（あるいは「思いつく」）、「心にかける」（「心がかり」）、「心が向く」、「心を配る」などの言い廻しと比較してみると、そこに微妙ではあるが本質的な差異が感じとられるだろう。つまり、「心」を主体とした後の方の言い廻しにおいては、もっぱら自己の主観的な状態、現在その場で目の前にある対象とは無関係に、一定期間自己の内部で持続する意識状態が言い表わされている。「心づく」あるいは「思いつく」に際して、その着想の対象は必ずしも眼の前に出現している必要はないし、「心にかかる」ことは、いわば四六時中心を離れないことである。「心が向く」とは内的な意志の発生を意味し、「心を配る」とは現に周囲に起きていることにではなく、これから何が起きてもよいように用心することである。

これに対して、「気」を主体として言われている前者の用法においては、原則として、つねに眼の前にある情勢や事物との関連が問題になる。「気がつく」というのは、それまで意識に上っていなかった対象が意識に上ってくることであり、「気にかかる」とは、現に眼の前にある状態が注意を奪うことであり、「気が向く」とは、何か現実の事物に興味が向かうことであり、「気を配る」とは、当面のあれやこれやの事物にそれぞれ注意を向けることである。これらの表現の正確な用法を守るならば、これらの状態は、現実に眼の前にある対象が消失すれば、それに伴ってやはり消失するものでなくてはならぬ。

要するに、これらの言い廻しは、実は純粋に主観的なもののごとくに考えられるような「心」の動向を表わしているのではない。ここに言われている「気」とは、実は主観と客観との間、意識と対象との間にある一種雰囲気的なものなのであって、主観の意図とは無関係に対象に付着し、関与し、方向づけられ、配分される。これらの気の動きの主体は、自己の側にはなくて、気それ自体の側にある。「気を配る」のごとく、気が目的格で言い表わされている場合でも、それはこの気自体の自発的な動きを、あたかも自己の能動性のごとくに言いかえているものにすぎない。自己が気を配るよりも前に、すでに気それ自体がその対象に配分され配置されているのである。

このような気の自発性、主体性は、「気が張る」、「気がつまる」、「気が楽になる」などの言い廻しにもはっきりと出ている。これらは主観的な心理的緊張状態の様相を言い表わしているというよりは、むしろどちらかというと外部的・雰囲気的な「気」の緊張状態を自分が感じ取っている有様の描写と考える方が自然である。これらの「気」は、いわば非人称的な主語と考えてもよい。例えばドイツ語などでは、es kommt mir (komisch, seltsam, verdächtig) vor つまり「なにかが私の前に（おかしく、奇妙に、あやしげに）出てくる」という言い方があって、これは「私は（おかしい、奇妙な、あやしげな）気がする」の意味であるが、この es kommt vor の es（なにか）にあたるものが「気」なのである。この「……の気がする」の言い廻しなどに至っては、「気」を個人心理学的な意識作用のようなものとして捉えているかぎり、けっして理解できないものだろう。

次に、「気分」、「気持ち」という言葉がある。私は、この気分や気持ちはかなり個人心理学的な概念と考えてもよいと思っている。つまりそれは、超個人的な「気」を、個人的な自己が分け持っている様態を言い表わしているのであって、一種外部的、雰囲気的な「気」に自分が個人的に関与して、これを分有している様相である。気それ自体は個人心理学的なものではないが、これが個人によって分有され、個人の「気分」、「気持ち」になることによって、はじめて個人の支配下に入る。「何事も気の持ちようだ」というのは、或る事態と自分との間に拡がっている気を自分が分有する仕方によって、同じ事態でも自分にとっての意味合いが変ってくることを意味している。

「気のせい」という言い方も、気の雰囲気的性格をよく表わしている。「気のせい」というのは、客観的事実に合致しない主観的な錯覚という、単にそれだけの意味ではない。気のせいで何かが主観的に感じとられるには、周囲の情勢に必ずそれだけの理由がある。

「気のせい」というのは、いってみれば「周囲の様子のせい」の意味である。周囲の様子と無関係に、単に自己の内部だけの事情から特定の判断がなされた場合には、「気のせい」とは言わない。例えば、酒に酔ったり寝呆けたりして物を見間違えたりした場合、それは「気のせい」とは言われない。ここでも気は、主観と客観、自分と対象との間にある雰囲気的ななにものかを意味している。

最後に、「気」は精神病理学的な領域においても、多くのきわめて重要な言い廻しに用いられる。憂鬱な気分でいる人は、「気が沈み」、「気が重く」、「気がふさぎ」、「気が進まない」。これは、憂鬱な人が周囲の世界と無関係に、自分の感情機能や活動性だけの低下に苦しんでいるのではないことを示している。メランコリーに際して、まず変化するのは世界の側である。世界は重苦しく陰鬱になり、空間は開放的な拡がりを失い、時間の流れは停滞する。これが「気が沈む」、「気が重い」、「気がふさぐ」、「気が進まぬ」と表現されるのである。

精神分裂病者については、「気が違った」とか「気が狂った」とか言われる。これも、けっして単に患者自身の内部における思考障害や情緒障害だけを指している言葉ではない。或る人が気が違っているとか気が狂っているとかいう表現は、この人を相手にしている人の側に感じとられる一種不可解な印象を言い表わしたものである。この場合の「気」は、このような言い廻しをしている本人の気としてではなく、相手の、つまり精神病者の気として言われるわけであるけれども、それが患者個人の内部にあるものを指しているのではなく、患者とその周囲、つまりこの場合には患者に接する人との間の雰囲気的なものを指していることに変りはない。「気が違った」、「気が狂った」というのは、二人の人が接したときに通常その間にかもし出されてくるはずの、自然な、あたりまえの雰囲気がかもし出されず、どこか不自然で不可解な雰囲気がそれに代ってかもし出されていることを指して言われることである。この不自然さがまだしも大した程度ではない時には、「気が変だ」と言われ、時には、「あの人と話していると、こちらまで気が変になる」と言われる。この不自然さ、不可解さが極端になった場合に、気が「違った」とか「狂った」とか言われることになるのである。

気という概念を有することによって、日本語は精神病を人と世界の間、人と人との間の出来事として的確に捉えることができる。精神病を解剖学的な脳疾患や、図式的な機械論的仮定である「自我」の障害とは考えず、これを人と人との間の現象として理解するということは、人間学的に精神病を理解する出発点である。このような精神病の理解にとって、気の概念がきわめて有用な概念となりうるであろうことは、容易に考えられる。しかしそのためには、まずもって気の概念自体を、個人を超え、個人を内に含むような雰囲気的な性質をもったものとして、的確に捉えておかなくてはならない。

最後に、気の概念とさきに述べた風土の概念との関係について一言しておきたい。この両者は、もとより表裏一体とも言えるような不可分の関係にある。気が元来「天地の間に塞《み》ちた」雰囲気的なもの、自然の相貌のごときものであり、同時に人の心の動きを支配している原理であるとするならば、人と自然との出会いの場としての風土が風土として自己実現をするのは、気を通じて以外には不可能であろう。風土は、なによりもまず人間の「気分性」にかかわってくる。「気分」や「気持ち」において人間は、気を分有すると共に、風土的な自然をも分有している。気分や気持ちは、人間が自然とかかわり合う関与の仕方である。だから、自然の様相である「気象」の語が、同時に人間の「気性」をも意味しうることになる。そしてまた、気は人間の内なる自然、すなわち人間性《ヒューマン・ネイチュア》の発露という意味をも持ってくる。「気が強い」、「気が弱い」、「気が長い」、「気が短い」、「気難かしい」等々、あるいは一般に「気立て」、「気質」などの表現は、人間の内部的自然の様相や性質を言い表わしたものに他ならない。気という媒介を通過して、風土は人間の内部へと入り込んで来るのであり、逆にまた人間は自らを（他人に対して）風土的に示すことにもなるのである。

第五章　日本人の精神病理

私たちはさきに、日本人のメランコリーの特徴、特に罪責体験の抱き方の西洋人との違いについて、かなり詳しく考えておいた。このように精神病理学的な眼から見た日本人の特殊性は、それ以外にもかなりのものが知られている。精神病とか神経症とか言われる人間の「こころ」の病が、けっして単なる生物学的な「ヒト」を冒す病変ではなく、また、人間仲間から切離されて孤立的に考えられた個人心理の異常でもなくてつねに人と人との間に生じる出来事である以上――つまりいまさっき考察した「気」の領域の現象と考えられる以上――西洋とは風土が違い、したがって人と人との間柄の様相をまったく異にする日本人において、西洋人とは違った精神病理学的現象が見られるのは、当然のことと言わなくてはならない。

私たちは明治以来現在まで、西洋の科学を輸入することによって、日本の科学を築き上げてきた。医学も、もちろんその例外ではない。しかし、主観的なものの見方を排する自然科学一般や自然科学的医学はともかくとして、人間のこころの動きを中心的課題とする心理学や精神医学については、このような西洋の学問の直輸入という学問のあり方が大きな問題を含んでいることは、いうまでもない。

心理学や精神医学は、好むと好まざるとにかかわらず、人間の「こころ」の客観的対象化を要求する学問である。自然を対象化することすら不得手であった日本人が、元来このような「こころ」を対象視する見方を身につけていなかったことは当り前であった。だから、日本人が厳密な学問としての心理学や精神医学を始めるに当って、最初その基本的な方法論を西洋人に学んだということは、当然のことであり、必要なことであった。

同じことは、哲学についても言えるだろう。明治時代の日本の哲学者は、当時の西洋の哲学を真剣に輸入して、その方法論を学び取ろうとしていた。しかし、哲学においては結局のところ、自己自身のあり方をどう見るかということが中心的な問題になる。そして、この問題はすでに古くから、仏教においてこの上なく深い思索によって考え抜かれてきた問題であった。仏教はこの問題についての、自分自身の思索の方法論を持っていただけではなく、その思索の成果をも何百年の長きにわたって磨き上げてきている。日本の哲学は間もなくこのことに気付き、最初の間の西洋哲学を祖述するという態度から、やがてはっきりと西洋哲学に対する対決の姿勢へと変ってきたのであった。もちろんそこには、西田幾多郎や田辺元をはじめとする、稀に見る偉大な思索力の持ち主が出現したことも考えなくてはならないだろう。しかしともかくも、知識としてのではなく、思索としての哲学の分野においては、日本人は西洋の哲学に対して明確に自己を主張しうるだけの哲学を育て上げてきたのである。

心理学や精神医学の分野においては、まことに残念なことながら、これまでのところ、このような姿勢はほとんど試みられてこなかった。学問の内容的な知識や、学問の体系づけに関して、西洋の心理学や精神医学に依存していることは、まだしも許されるかもしれない。しかしなによりも、西洋の心理学や精神医学の思索的方法の底を流れている西洋的思考法が、何の反省もなしに日本語に翻訳されて受け入れられ、西洋的なものの見方、考え方を体得することが、すぐれた心理学者、精神医学者であるための必須要件とみなされるに至っては、もはや言語同断のことと言う以外ない。

ところが、心理学、それも臨床心理学や精神医学は、哲学とは違ったいまひとつの大きな問題を持っている。つまりそれは、これらの学問が扱うのは、差当っては自分自身のあり方というようなことであるよりは（結局のところはこれが最も重要な問題になってくるのだが）、まずもって他人の、つまり患者のあり方だということなのである。常識的に考えて、日本の臨床心理学や精神医学が取扱う相手は、日本人である。しかもその大部分は、特別に西洋的なものの見方、考え方を身につけてはいないような、普通の日本人である。

これまで本書において述べてきたように、こういった普通の日本人と、普通の西洋人とでは、ものの見方や考え方が大変に違っている。人間としてのあり方が、生き方が違っている。だから、西洋人の患者について考えられ、研究されて出来上った西洋の臨床心理学や精神医学が、そのまま日本人の患者に適用できないものであることは、子供でもわかるほど簡単なことではないだろうか。この簡単なことが、これまでほとんど無視され続けてきたのである。日本人が西洋式の心理学や精神医学の眼で眺められ、治療されてきた。言葉こそ日本語が用いられてはいるものの、その言葉は西洋の言葉の直訳でしかなかったのである。このような事態がいつまでも続くことは、けっして許されるべきことではない。

しかし、このような日本的心理学、精神医学への志向がこれまでまったくなされてこなかったわけではない。さきにすこし触れた森田正馬による森田神経質の発見と、これに対する森田療法と呼ばれる一種の生活療法の確立は、その最もすぐれた成果であるし、やはり前章で述べた土居健郎氏による「甘え」概念の精神分析理論への導入も、私自身との見解の相違は別として、きわめて高く評価されるべきことだろう。

そこで私は以下において、これらの先駆的な仕事から触発されて徐々に開拓されつつある、純粋に日本的と言える精神医学の業績のわずかの例の中から、二、三の問題をえらんで、これを私たちのこれまでの話題の枠の中でもう一度考えてみたいと思う。

日本人に特有な精神病理学的現象を考察するということは、単に臨床心理学や精神医学の当然の職業上の任務であるだけではなく、一般の人たちが日本人特有の人間性を知る上でも、有力なてがかりになる。普段、われわれのこころの動きは、われわれ自身にとって余りにも自明のものであるために、それの特徴を鮮明に捉えるということはなかなか困難である。精神病や神経症において、こころの日常的な自明さが失われ、非日常的なこころの動きが表面化しているような場合には、ふだんは自明さの底に沈んでいるような特徴が、にわかにクローズアップされて浮び上がってくる。「ノイローゼを知る人は人間を知る人だ」と言われるのも、そういった意味においてなのである。

1　対人恐怖症

多くの神経症症状の中で、対人恐怖症ほど日本的人間性の構造を反映した症状はなく、またその日本的特性について、これほどよく考察の行なわれている病像も他にはない。第一、この「対人恐怖」という名称自体が、日本人の手になる数少ない独創の一つに属していて、これに相当する西洋語は元来存在しない。このことは、この型の神経症がその発生頻度の上だけから見ても、圧倒的に日本に多いものであることを示している。

対人恐怖症というのは、単一の症状名あるいは病名ではなくて、いくつかの、類似の構造をもった病型を一まとめにして称する総称である。これに属する個々の病型としては、赤面恐怖症、醜貌恐怖症、視線恐怖症、自己臭恐怖症などがあるが、これらのそれぞれがまた、まとまった一つの病名を表わしているのではなくて、特に目立った症状の名を冠して命名された症状的単位であるにすぎない。例えば自己臭恐怖症は、これを唯一の症状とする神経症として出てくることもあるし、これが単に或る一時期だけ前景に出ているような、より広汎な精神障害の（例えば精神分裂病の）部分症状にすぎないこともある。

しかし、これらが「対人恐怖症」としてまとめられるのは、これら全部に共通して、他人の前での自己のあり方、他人に知覚されている自分について悩むという、基本的な特徴が認められるからである。例えば赤面恐怖の人は、他人の前で顔が赤くなることについて悩み、醜貌恐怖の人は、自分の顔（稀にはその他の身体部分）が醜くて、他人に見られたくないとして他人を避け、視線恐怖の人は自分の視線が相手に不快感を与えるのではないかという不安とか、相手と視線が合うと全身が堅くなるという苦痛とかを訴え、自己臭恐怖の人は、自分の身体からいやな臭気が発散していて、そのために他人から嫌われていると思い込んでいる。

これを見てもわかるように、対人恐怖症の場合に「恐怖症」という言い方をするのは、実際には正しくない。それは、高所恐怖症とか尖端恐怖症の場合のような予期不安ではなくて、現実にすでに起きている苦痛な体験の訴えだからである。例えば、赤面恐怖症の人は、人前で顔が赤くなりはせぬかという予期不安を抱いているのではなくて、人前で実際に顔が赤くなるのだという確信に基づいてこれを悩むのである。この多くの場合に事実と相反する確信の強さのために、対人恐怖症は時としてはほとんど妄想体験と区別ができないことがある。自己臭の体験などは、特にその内容が奇妙であるために、自己臭妄想と呼ばれることもある。

対人恐怖症の根本的な特徴は、患者の自己の価値が自己自身によって内面から評価されえず、もっぱら他人による外部からの（しかもネガティヴな）評価の対象となってしまっているという点にある。自己は、他人によって見られたり嗅がれたりすることによって弱点をとらえられ、それに基づいてネガティヴな評価を受ける対象にまでなり下っている。このような患者にとって、自己の自主的な存在というものはありえない。自己とは単に、相手によって知覚されている自己でしかない。このような人が自己自身を見出すのは、つねにきまって相手の中においてである。世の中には、実際にひどい醜貌や畸型などのために、いつも他人の視線を気にせねばならぬ人がある。しかしそのような人は普通、自分自身の内面的な生活に関してまで他人に支配されるということはない。そして他人の眼を気にしながらも、自分自身の存在は自分の手にしっかりと握っている。これに反して醜貌恐怖の人は、他人に見られ、さげすまれている自分というものが、自己のすべてである。

このように、相手に見られている自己について悩むという心理構造は、いうまでもなく恥の体験と根本的な共通点をもっている。私たちは本書において「罪と恥」について論じた際に、ルース・ベネディクトによる「罪の文化」と「恥の文化」の対比について触れ、日本人にあっては、自己は自己自身の存立の根拠を自己自身の内部に持っていない、というような言い方をした。また、「人称代名詞と自己意識」についての話の中でも、私たちは、日本的な自己意識においては、自分が誰であるのかが自分自身の内部においては決定されていないということを書いた。このような日本的な自己のあり方と、対人恐怖症が特に日本に多いということとの間には、当然深い関係が予想されるところである。

しかし、ここで特に注意しておかなくてはならないことは、このように自己の存在の根拠を自己の内部にではなく自己の外部に、つまり相手の側に委ねている日本人が、けっして全部、対人恐怖症的だとは言えないことである。日本に対人恐怖が多いことは事実としても、日本的な自己のあり方そのものが対人恐怖的だとはけっして言えない。ただ、逆に言って西洋人は日本人とちがって自己を自己自身の内部に体験しているから対人恐怖的な症状が出現しにくいのだ、ということは言えるかもしれない。

したがって、対人恐怖症の日本的特性を問題にするに当っては、まずもって、日本人のうちでもどういう人が対人恐怖症になるのかという点を明らかにしておく必要があるだろうと思う。この問題に対しては、従来から森田神経質理論と精神分析理論との双方から、いろいろな見解が提出されてきているが、それをいちいち紹介するのはあまりに専門的になりすぎるから省略する。特に関心を持たれる方は、医学書院から発行されている雑誌「精神医学」の昭和三九年二月号に「神経症の日本的特性」について、また同じく昭和四五年五月号に「対人恐怖」についての特集が組まれていて、代表的な研究者たちの討論が載せられているのを参照していただきたい。

そのうちから特に二つの意見を取り出してみると、まず近藤章久氏（昭和四五年）は、対人恐怖は「人から嫌われないように、人に好かれるようにしなければならない」という強迫的な気持ち（氏のいう「配慮的要請」）と、「他に優越しなければならない」という強迫的な気持ち（氏のいう「自己主張的要請」）との間の矛盾のために、後者の優越欲求の方が抑圧されねばならなくなり、しかもその抑圧が不完全かつ不安定なものであるために、そこから「負け惜しみ」で「意地っ張り」の態度が出てくることによって発生するものだと言う。そして同氏は、このような相対立する二つの「要請」の間の葛藤は、日本人だけではなく外人にも見られるものであるが、ただそれが特に日本における幼児のしつけ方（「よい子」であることの要求と「偉くなってほしい」という期待）に基礎を持つ日本的文化形式において、多発する可能性が大きい、と考える。

これに対して三好郁男氏は、近藤氏の言う配慮的要請と自己主張的要請とは日本の社会においては必ずしも矛盾しない、相手に好感情を与えることは日本では重要な勝利であり、自己主張が通ることになる、と反論する。三好氏によれば、対人恐怖症者の性格は「外面はおとなしくても負けず嫌い」であり、「うぬぼれ」が強い。しかもそれは、「うぬぼれていながら完全にはうぬぼれ切れない人間」である。現実的な他者との関係で、彼らはつねに挫折感を味わう。しかしこういう負けず嫌いの特徴は、対人恐怖だけでなく強迫神経症一般にあてはまるものであり、対人恐怖が日本に多い一つの原因としては、日本人の持つ感情的な人間平等主義、つまり「自分は他人と変らぬ人間である」という意識が重要で、他人との差別相よりも同一相に重点がある日本的な自己意識から、「うぬぼれていながら完全にはうぬぼれ切れぬ」人間が出来上るのだ、と三好氏は言う。

対人恐怖症の中でも赤面恐怖症だけは、日本だけでなく西洋諸国にも（日本よりは稀であるが）かなり見られる症状であって、この名称自体も西洋の言葉の邦訳である。そして、西洋においては赤面恐怖はふつう、自分の心の中になにか罪の意識を伴うような、「うしろめたい」内容がある場合、それが他人に露見しては困るという気持ちが赤面として現われてくるのだ、というような説明が行なわれているようである。そして、私の経験では、こういった心の動きは日本人の対人恐怖の患者にも共通して認められるように思う。この「うしろめたい」心の内容は、どんな種類のものであっても構わない。例えばそれは、子供の時に厳格な育てられ方をした人における「ふしだらな」性的願望のようなものであることもあるし、会社の上司に対する敵意のようなものであることもある。あるいはそれはもっと一般的に、近藤氏のいうような人に優越したいという欲求であるかもしれないし、三好氏のいう「うぬぼれ」であるかもしれない。

自己の内心におけるこれらの不埒な内容について、患者は自分自身でこれを責める。西洋人ならば、ふつうこのような自責からは強迫神経症のような症状が生まれてくることになるだろう。例えば、不潔恐怖症とかこれに伴う洗滌強迫症などは、その根源をこのような内心の罪の意識に有するものと解釈することができる。自分の手を何回となく洗い清めるという儀式的な強迫行為によって、患者は自分の心の汚れを洗い流そうとするのである。これはいわば、自分の罪を自分で背負って苦しんでいる姿である。この種の強迫神経症は、いうまでもなく日本人の間にもけっして少なくはない。

しかし、さきにメランコリーのところで述べておいたように、日本人は西洋人と違って、このような罪の意識を一種の恥の意識として、「人と人との間」という水平面的な場所で見てとるという傾向をもっている。つまり自分を罪あるもの、責められるべきものと見るところの自己は、神との垂直的な結びつきを持つ自己自身の手許にあるよりは、他者との水平面的な結合における「人と人との間」に出ている。自己は外から、いわば他者の眼で、森有正氏の言い方を借りれば「汝の汝」として自分自身を見ている。「うしろめたい」人は、他人の視線が気になる。他人に見抜かれないかという不安を抱く。また、他人に「かぎつけられ」ないかという不安を抱く。しかし、実のところは、そういう人はすでに自分自身で自分の不埒さを見抜いており、かぎつけているのである。そういう人は、自分自身で自分の内心の秘密を気にしている。自分で気にするから、自然に相手のことが気になる。

ここで気というのは、前章にも書いたように、自分と相手とを包んでひろがっているもののことである。相手のことが気になるということは、相手によっても気にされているということである。相手に気づかれ、気取られているということである。

私の診察した対人恐怖症の或る患者は、「友達の前へ出ると友達に気を取られてしまう」という言い方をしていた。「気を取られる」という言い方は、ふつうの意味では我を忘れて夢中になることである。自分がなくなってしまうことである。患者は、友人の前では友人の存在に気を奪われて、自分で自分を確保することができない。しかしこの患者の場合、「気を取られる」という表現は、もうすこし具体的・事実的な意味をもあわせ持っていたようである。つまり、彼の前に現われた友人が彼から気を奪い取る、そして彼の秘密に気づき、彼のことを気にするということをも意味していたようである。

「しのぶれどいろに出にけりわが恋はものや思ふとひとのとふまで」という歌がある。この「いろ」は、単なる光学的な意味での「色」、あるいは顔色のごときもののような狭い意味ではないだろう。『大言海』によれば、「いろ」の語源は「うるはし（麗）ノうるノ轉ナルベシ、うつくし（美）いつくし（厳美）いちじるし、いちじろし（著）」とあり、その義としては普通に用いられる色や顔色の意味のほかに、「ウルハシキコト。ウツクシキコト」、「シナ。タグヒ。種《クサ》。品類」（その例としては、「いろヲ易へ、品ヲ易フ」）、「キザシ。アリサマ。容子。兆」（その例としては、「旗色」「負色《マケ》」）、「ヒビキ。調子」（その例としては、

「音色《ネイロ》」「聲色《コワイロ》」、「ナサケ、アヂハヒ、オモムキ」(その例としては、「人ノ心ハ、ヤサシク色アルベシ」、「色ヲツケル」、「色ヲ持タセル」)などとある。

つまり「いろ」というのは、一般に内面が外面に現われ出たさまを広く指している言葉と解してよい。例えば、「顔色をうかがう」などという時の「顔色」は、色彩的な意味よりは、その人の内心の動きを表情から読み取る、というような意味合いで用いられる。またそこから、色はさらに恋慕の情、性愛的なものの意味にもなって、「色を好む」、「いろごと」、「色町」などの言葉が生じたのであろう。

赤面恐怖の人は、実際に「顔が赤くなる」という表現はするけれども、このような人が真に恐れているのは、なにかが顔色に出ること、内面が外面に現われ出て相手に気取られること、秘密が露見する(「いちじるしく」なる)ことなのだろう。

赤面恐怖がこのように、内面の秘事の露見に対する恐れであるのに対して、醜貌恐怖はむしろ、自己の存在そのものへの忌避の現われである場合が多い。私の或る男子患者は、自分の顔が醜いことを(事実はまったくそれに反しているにもかかわらず)頑強に言い張って、そのために自殺まで図っている。彼が最も恐れていることは、自分の顔が父に似ていると言われることである。彼は、親が自分のような顔の人間を生んでくれたから、こんなに苦しまなくてはならないのだと言って、親に対して乱暴を働く。この患者の場合、患者を真に苦しめているものは自分の顔の醜さではなく、自分が現在の自分の親の子としてこの世に存在することそれ自体なのである。精神分析的に言えば、自我形成の途上において父親像を自我の中に摂取することに失敗したためだ、ということにもなるだろう。いずれにしても、このような醜貌恐怖では自己の存在そのものが問題になっている点で、赤面恐怖よりももっと根が深い。

『大言海』によれば「かほ」の語源は「氣表《ケホ》ノ轉、人ノ氣ノ表《ホ》ニ出デテ見ユル意ト云フ（鈴木重胤）」であって、「身體ノ姿形《ナリフリ》。ナリスガタ。カタチ」の意、そこから、「顔」は「前條ノ容《カホ》ノ轉、身體ノ表示ニハ、顔ガ第一ナレバ、移レルナリ」とあって、普通の顔面の意味の他に、「物ノ面《オモテ》。表面」、「人ヲ表示スルニ云フ語」（「顔ガ揃フ」、「顔ブレ」）、「ミエ。ホマレ。面目」（「顔ガ立ツ」、「顔ガツブレル」）、「其風《フリ》ノ顔色《カホツキ》ヲスルコト。オモモチ」（「ソ知ラヌ顔」、「シタリ顔」、「物識リ顔」）とある。私たちの当面の関心にとっては、顔の語源が「人ノ氣《ケ》ノ表《ホ》ニ出デテ見ユル意」であることは、きわめて重要であろう。

マックス・ピカートはその著書『人間とその顔』（佐野利勝訳、みすず書房）の中で顔についてこう書いている。

「内部のものは外部へ現われ出ようとする、……内部はこの地上に、この地上の光と空気のなかに存在しようとするのである。内部は、自分がこの地上に存在していたという証拠《しるし》を外部の世界のなかで提出することを望んでいるのだ」。……「そしてまた、内部が何か別種のもの、すなわち外部のものと関係づけられることは、内部にとって必要なことなのだ。外部と関係づけられることによって、内部は、それが純粋に存在するものとして、つまり他のものと全然関係することなく存在している場合よりも、その重圧的な重苦しさを減じ、また脅威的に作用することを減ずるのである」。

　醜貌恐怖症者については、まさにこれとは正反対のことが言えるのではないか。醜貌恐怖の人の「内部」は「この地上の光と空気のなかに存在しようと」しない。このような内部は、「自分がこの地上に存在していたという証拠《しるし》を外部の世界のなかで提出することを望んで」はいない。だからこのような内部は、「外部と関係づけられることによって」、つまり顔として世界に現われ出ていることによって、かえって「重圧的な重苦しさ」を増し、「脅威的に作用すること」を増すことになる。外部と関係づけられることさえなければ、つまり顔を他人に見られることさえなければ、このような内部はまだしも存在に耐えうるのである。

　視線恐怖症の人が抱いている他者のまなざしに対する恐怖——しかもそれは、恐れながらもそこから逃れることができず、むしろそれに見入られて呪縛されるような恐怖である——と、自分自身のまなざしに対する当惑——まるで自分の眼が見るためにあるよりも見られるためにあるかのような——とに接するとき、私はどうしても、サルトルの「私のまなざしは、まなざしを向けられているまなざしである」(『存在と無』、松浪信三郎訳、人文書院)という言葉を思い出さずにはいられない。サルトルはまた、「他者は私にまなざしを向けている。かかる者として、他者は私の存在の秘密をにぎっている。他者は、私が何であるかを、知っている」といい、「私をして、『まなざしを向けられている者』の状況を生きさせるのは、羞恥もしくは自負である」という。

他者によってまなざしを向けられることによって、私の存在の秘密が他者の手に帰する。しかもその私の存在の秘密が私から脱れ出るのは、私自身のまなざしを通じてである。ここに、視線恐怖症者が悩んでいる、他者の視線と自己の視線との間の独得の関係、独得の出会い方の本質がある。視線恐怖症者は、例えば他者によって注視されていることだけを一方的に恐れている注察妄想患者とは違った仕方で、他者の視線を恐れている。視線恐怖症者にとって、真に苦痛の種となっているのは、自分自身の視線なのである。彼は、自分のまなざしからなにかを読みとられることを恐れている。自分のまなざしに対して他者のまなざしが向けられて、自分のまなざしにいやおうなしに現われ出ている内面が対象化されて外面化されること、この状況を視線恐怖症者は、羞恥および自負において生きる。

私が、「まなざしを向けられている者」の状況を、サルトルの言うように「羞恥もしくは自負」において生きているのであれば、そのような私は視線恐怖症者ではない。私は他者に視線を向けられていることを恥かしく思うか、誇らしく思うかのいずれかである。しかし、視線恐怖症の人は、三好郁男氏が対人恐怖一般について述べたのと同じように、「うぬぼれていながら完全にうぬぼれ切れぬ」人間である。自負が、内面の弱点によってつねに挫折の危機にさらされ、羞恥によって裏切られ続けているような人間である。このように、自負と羞恥とが一体となりながら、自負は羞恥を容認せず、羞恥は自負をつねに挫折せしめているところに、視線恐怖症者の不安の源がある。

他者によって弱点をとらえられるという対人恐怖一般の構造は、自己臭恐怖症においてもっとも直接的・無媒介的な姿をとる。自己の秘密の弱点は、においとなって周囲に発散し、いやおうなしに他者によってかぎつけられる。その他の対人恐怖の場合のように、自己は他者によって眺められ、視線を向けられるというような、単なる受動的な立場で秘密を見抜かれるだけではない。自己は自分から、いわば能動的に、しかも意志に反して、自己の秘密を外に洩らしてしまう。他者が他動詞的に自分のにおいをかぐというよりは、まずもって自分が自動詞的ににおうのである。

「にほふ」は「氣色《ケハヒ》、映《ハ》エテ立ツ。ウルハシクホノメク」「専ラ、香ニ立ツ。カヲル」であり、「かをる」は「氣《ケ》折《ヲ》ルノ轉、折るハ自動ニテ、畳《タタナ》はるノ意」で、「烟、霧、火、香ナドノ氣、髣髴《ホノカ》ニ立チタナビク」である。そして「かぐ」は「香《カ》」の活用したもので、「か(香)」は「氣《ケ》」に通じ、「鼻ニ嗅ギテ知ル、物ノ氣。馨《カウ》バシキニモ、臭キニモ云フ。カヲリ。ニホヒ。ケ。カザ」である。さらに「くさし（臭）」は「腐る氣ざし」の意なるべし、とある（以上いずれも『大言海』）。

要するに、自己から洩れて他人の嗅覚に察知されるもの、自己の内面を自己自身から外へ露呈する媒体となっているものは、ほかでもない「気」なのである。さきにも述べたように、気は元来人と人との間にあるものであり、その意味において、自己の本来のありかにあるものである。気と本来の自己とは、そのあり場所を一にしている。だから、本来の自己が自己の身体のありかから、そのつどすでに脱け出して、人と人との間に出で立っているという場合、このような「脱自的」な自己は「気」の相において捉えることのできるような自己である。自己とは本来、気として、香として、かおり出ているものなのである。自己が言葉や表情、身振りなどによって自らの外面を固めれば固めるほど、そのような外面には現わされていない自己本来のあり方は、周囲に向ってにおいとしてただよい出る。人はそのような自己をさして「くさい」と言う。人はそのような自己を「かぎつける」。

気という概念をきわめて具体的・事実的な意味において頻用している日本人において、また自己をつねに人と人との間に見出している日本人において、このような実際に気を媒体とする自己の外面化の様態が、対人恐怖症の一つの形成として用いられやすいということは、容易に理解しうることである。さきに赤面恐怖症のところで書いたような、自分の内心のうしろめたい秘密が相手によって気づかれ、気取られるということが、自己臭患者においてはもはやまったく具象的・事実的に成立してしまっている。西洋諸国にはきわめて稀な自己臭患者が日本にはかなり多いということは、日本人にとって「気」がけっして自己の内部の「心」と等置されるべきようなものでも、単なる形而上学的な抽象概念でもないことの、一つの傍証となるかもしれない。

2　貰い子妄想

神経症の症状にくらべると、精神病の症状においては、個人的あるいは文化的・社会的な特殊事情よりも、病気そのものの有する一種の法則性のようなものの力がまさっているように思われるけれども、それでも個々に調べると、その個人ないしはその社会に特有なものの見方、考え方の反映しているような症状は、予想外に多い。たとえば、すでに詳しく述べたメランコリーの罪責体験の、西洋と日本とにおける出現様式の差異なども、その一つだろうし、キリスト教的な終末思想と結びついた「世界没落の体験」が、キリスト教国、特にカトリックの優勢な文化圏に多発するものであることはよく知られている。また、一般に「宗教妄想」といわれる症状が、それぞれの患者の属している宗教によって出現様式を変えることは、いわば当然のことであるが、これに関しても、「宗教妄想」の出現しやすい文化圏としては、カトリック、プロテスタント、回教、仏教の順になっている、というような調査結果を発表している学者もいる。仏教的な宗教妄想というものが稀であることは、われわれ日本の精神科医ならば誰でも知っていることであるが、宗教妄想を発生させやすい宗教（例えばカトリック）と、宗教妄想を発生させにくい宗教（例えば仏教）との間に、宗教構造それ自体の相違を推定することも可能であるように思われ、それはそれとして極めて興味深いテーマではあるけれども、ここでは立入って論じる余裕がない。

さて、日本人に特有な妄想症状の代表としてここに取上げる「貰い子妄想」というのは、実は私自身の命名したものであるが、この妄想それ自体は、もちろんずっと以前から存在していたし、わが国の精神科医の眼にとまっていたに違いない。ただ、これは西洋にはほとんど出現しない症状であるために、従来の西洋の精神医学の教科書はもちろんのこと、個々の研究論文の中にも論じられたことがなく、これに対する名称ももちろん存在していなかった。従来の日本の精神医学が、この症状の存在におそらくは気づいていながらも、これを特に取り上げて研究することもなく、これに特別の名称すらつけていなかったということは、もっぱら西洋精神医学の祖述と追試のみに明け暮れていたわが国の精神医学の従来の傾向を如実に物語っている。

私が貰い子妄想と呼んでいる妄想症状とは、一般的に表現するならば、患者が自分の両親あるいはその一方を、実の親ではないと主張する妄想症状である。個々の患者については、自分は小さい時に拾われて来たのだとか、親戚から養子に貰われたのだとか、不義の子だったのが引取られたのだとか、実の親が死亡してその後に継父や継母が入ったのだとか、さまざまな表現がとられるが、現在の親が生みの親でないとする点はいずれも共通しており、それ故にもっとも一般的な「貰い子」という表現を用いたものである。

いうまでもなく、この貰い子妄想は単なる一つの症状名であって、病名ではない。すなわちこの妄想症状は、神経症と精神病との境界例にも、非分裂病性の種々の妄想性精神病（ことにパラノイアと敏感関係妄想）にも、真性の精神分裂病にも出現しうるような、疾病論的には非特異的な症状である。しかし、後にも述べるように、この貰い子妄想はほとんどの場合、単独症状として出現することはなく、他のいくつかの特定の妄想症状を伴って、一つの「症候群」を形成する傾向がある。そして、この症候群に参加しているいくつかの妄想症状は、その基礎にいずれも、貰い子妄想の基礎にあるのと同一の心的機制の想定されるものばかりであって、その意味ではこの「症候群」全体が、一つの独得な心的機制に基づいたものだと見ることができる。そして私は、他ならぬこの心的機制に日本的な特異性が働いて発生する症状が、貰い子妄想という単一症状なのではないかと思っている。

さて、この貰い子妄想は、西洋でも昔からよく知られている「血統妄想」と一見よく似ている。血統妄想というのは、例えば自分は元来皇帝の落し子であって、事情あって現在の親に養われているだけだ、と主張するような妄想である。現在の親を養父母であると考える点においては、この両種の妄想の間に区別はない。わが国において、貰い子妄想という名称がこれまで用いられなかったのは、この種の妄想に対しても「血統妄想」という名称が用いられていたからだろうと思う。西洋の教科書に載っている名称を用いておく方が、新しい名称をこしらえるよりも穏当で安全なことだ、という態度がしらずしらずの間に取られていたのであろう。

しかし、つぶさに調べて見ると、貰い子妄想と血統妄想とは大変に違った点を有している。まず第一に、血統妄想の方は自分の親が今の親とは別人である、自分は今の家庭とは別の家庭の出であるというポジティヴな主張が一次的であって、現在の親は実の親ではないというネガティヴな主張は、一次的なポジティヴな主張から二次的に導き出された結論であるのに対して、貰い子妄想では逆に、現在の親が実の親ではないというネガティヴな主張が一次的で、真の親は別にいるというポジティヴな主張の方がむしろ二次的なものとしてそこから導き出される。つまり、血統妄想では自分が特定の血統に属していることが確信されるのに対して、貰い子妄想では自分が現在の家庭に属していないことが確信される。

第二に、血統妄想というのは、定義上すでに一種の誇大妄想であって、自分が「属している」と主張される血統というのは、きまって皇室、皇族、著名人、富豪などのような「名門」である。これに対して貰い子妄想は、一次的には決して誇大妄想であるとは限らない。貰い子妄想から二次的に「真の親は別にいる」という結論が下される場合、この

「真の親」として血統妄想的・誇大妄想的に高貴の人が名ざされることは稀ではないが、その他、身分の上でも有名度の上でも現在の親となんら変りのない人物が名ざされたり（例えば、自分の家の向いの後家さんが自分の実の母だ、と言うように）、あるいはむしろ、自分は実は貧しい家の子だ、第三国人だ、いやしい身分の子だ、と言った卑小妄想的な設定の行なわれることすらある。

第三に、血統妄想はこのように高貴の血統や名門の出が主張される妄想であるから、そのような血統の社会的な意義が失われている現代にあっては、すでに或る程度過去の遺物に化しつつある。現実の社会とのかかわりを失った古い分裂病患者などには、今でもかなり多く見出されはするけれども、新鮮例でこの妄想が初発する頻度は、すでにきわめて低い。これに対して貰い子妄想の方は、このような時代的なものの影響をまったく受けていないか、あるいはむしろ増加の傾向を示しているのではないかと思われる。

さて、前にも触れたように、貰い子妄想は他のいくつかの特徴的な症状と結合して、一定の症候群を形成するのが普通である。その症状というのは、第一に、恋愛妄想、すなわち自分が誰か特定の相手から愛されている、結婚を望まれている、あるいはすでにその人と結婚しているという妄想に代表されるような、愛を主題とする妄想であり、第二には、自分の身近かにいる人物、例えば家族が、あるいは時としては自分自身が「いつの間にか全く別の人物に入れ替ってしまった」という人物転換の妄想、あるいは自分の周囲の人物や自分自身に瓜二つの人物が他にもいる、分身がいる、といった人物重複の妄想である。これはしばしば、いわゆるカプグラ症状や、フレゴリの錯覚といわれるような一種の人物誤認体験として出現することがある。

貰い子妄想、恋愛妄想、人物転換（あるいは重複）妄想の三症状は、いずれも患者が現在の自己の境遇を根本的に変更するために、過去にさかのぼって自己自身の由来あるいは来歴に変更を加え、あるいは将来に向って現実には存在しない可能性を与えようとする内的必要性から生じるものと考えることができる。この場合、貰い子妄想は主として過去の変更を、恋愛妄想は主として将来の変更を、人物転換・重複妄想は主として現在の変更を表わしているとも考えられるが、これを全体として一つの症候群として見た場合、そこで根本的に否認されているのは自己の家族的来歴であるから、私はこの症候群全体の名称としては「家族否認症候群」あるいは「来歴否認症候群」というのが最も妥当なのではないかと考えている。（この症候群の具体的な発現形態や、その内部での各症状間の意味関連については、拙著『自覚の精神病理』において詳細な症例をあげて考察しておいたから、それを参考にしてほしい）。

ところで、このような自己の現在の境遇を否認するという心的機制は、もちろん西洋人にも見られるものであって、日本特有のものではない。このような症状の背後には、苦痛なあるいは不満足な現在の自己のあり方から逃れて、より理想的な境遇を仮想的に求めようとする現実逃避の心的機制が認められるのであって、これはちょうど、キルケゴールが「死に至る病」としての「絶望」が生じる一つの場合としてあげた、「絶望して自己自身であらうと欲しない場合」にあたる。あるいはより正確に言うならば、このような患者は結局、自己自身ではないところの自己自身を求めているのであるから、これはキルケゴールが絶望のもう一方の形としてあげている「絶望して自己自身であらうと欲する場合」と同じことに帰すると言わねばならぬ。キルケゴール自身も「仔細に考察するならば、それは結局おなじであることがわかる。彼が絶望したときに欲する自己は、彼自身の自己ではない自己である」と言っている。

キルケゴールの「死に至る病」を引いたついでに、この著書の中からわれわれにとってきわめて重要な若干の引用をしておこう。キルケゴールは次のように言う。「自己は、それが現に存在するあらゆる瞬間ごとに、生成の途上にある。……自己がそれ自身にならないかぎり、自己はそれ自身であることがない」。さらに、「生成といふこと（いふまでもないが自己は自己自身となるべきものである）のためには、可能性と必然性とがひとしく本質的である」。「可能性は必然性によって抑制される。……自己が、生成すべくおかれたとき、この自己は空想の媒介によって自己を無限の可能性として反省する。しかしそれにしても自己は『それ自身』となるべきものである。自己はそれが自己としておかれてゐるそのものとなるべきである。それ自身となるべき自己として、それは生成の自由な可能性のうちにありながら、それがあるところのものとならねばならぬという必然性にしばられてゐる。自己は可能性であるとともにまた必然性でもある」。「ところで可能性が必然性を放棄し、その結果、自己が可能性のうちにあって自己自身から遠ざかり、ふたたび立ち返るべき必然性をもたないならば、それは可能性の絶望である。そのとき自己は抽象的な可能性となる」（以上の引用はすべて、キェルケゴール『死にいたる病』、松浪信三郎訳、小石川書房によった）。

自己の現在のあり方の否認が、何故に自己の来歴の否認の形をとらねばならないかの理由は、キルケゴールによってすでにはっきりと示されている。つまり自己の存在ということは、自己の生成として以外ありえぬからである。そして、その生成が必然性を失うと、自己は抽象的な可能性の無限性の中へとさまよい出ることになる。これが自己自身であろうとしない、あるいは自己自身ではないところの自己自身であろうとする、可能性の絶望である。「来歴否認症候群」は、このようにして、人類全体が免れることのできない「精神における病、自己における病」（キェルケゴール、同書）である。

ところが、西洋人にこのような「来歴否認症候群」ないし「家族否認症候群」が出現した場合、そこには「貰い子妄想」の契機だけが欠けている。あるいはこれが「血統妄想」によって補充されることはある。しかし、さきにも述べたように、血統妄想とは貰い子妄想と違って、自己の血統所属性の主張であり、貰い子妄想よりもより多く「自己自身であらうと欲する」妄想である。それは形の上で貰い子妄想とは違っている。その上、血統妄想は近年めっきりと減少している。そこで、西洋の来歴否認症候群は、恋愛妄想と人物転換・重複妄想との二つの契機だけから成り立っている場合が多い。

そこで私たちは、何故に日本人にあってはここへもう一つの契機が、つまり「貰い子妄想」という、一次的に血統否認的、家族所属性否認的な妄想が加わるのかを考察しなくてはならぬ。私たちの問いは、次のような形で表わすことができる。日本人は、自己の現状を否認し、自己の来歴を否認するに当って、何故に自己の家族所属性を否認し、両親の真正さを否認しなくてはならないのか。

私は、その原因は日本人の家族意識の特異性、あるいは日本人の自己意識と家族意識との特異な関係、より正確にいうならば、日本人の自己が家族という場所においてあるあり方の特異性にあると思う。貰い子妄想という日本に特有の妄想症状は、この家族性の特異性に着目することによって完全に理解されうるし、逆にこの日本特有の家族性のあり方は、この妄想を考察することによって、その特徴の一端を明らかにしうると思う。

私は本書の冒頭において、日本人の自己同一性《アイデンティティー》には血縁史的なアイデンティティーという一面のあることを述べておいた。そこでは、「われわれ日本人」という集合的アイデンティティーが第一に問題にされたが、もちろんこのことは、なによりもまず一人一人の個人について言われうることでなくてはならない。一人一人の個人が血縁史的アイデンティティーによって「われわれ」という形で結びつくところから、日本人の集合的アイデンティティーが形成されるのである。

しかし私はさらに、この自己のアイデンティティーは、これを横断面的に見る場合には、人と人との間のアイデンティティーとして見えてくることについても語った。血縁史的なアイデンティティーがいわば歴史的・時間的に自らを形成する場所は、世界的・空間的に言うならば人と人との間、自己と他人との間なのである。そして、これが一個の個人について言われる場合、個人の血縁史的アイデンティティーの成立する場所は、家族内における自己と他人との間、つまりまず第一に自己と親との間、自己と兄弟との間、そしてさらに自己と夫、自己と妻との間、自己と子供との間でなくてはならない。これらの自己と家族との間の場所のことを、日本語では「家」という。

「家」とはもちろん、第一義的には「家屋」の意味である。『大言海』の「いへ」の項にも、その語源として「寝戸《イヘ》ノ義ニテ、宿所《シユクシヨ》ノ意カトイフ」と記載されている。しかし、「家」という語が単なる家屋の意味のみに狭めて用いられるのは、「家を建てる」とか「家を改造する」とかのきわめて限られた場合だけである。「家を出る」、「家に帰る」、「家の中」、「家の外」、「私の家」、「家の者」、さらには「家名」、「家風」、「家事」、「家計」など、普通日常的に用いられる「家」には、必らずその建造物の中で起居を共にし、生活を共にする人たち、つまり「家族」あるいは「家庭」の意味が含まれている。大言海の「寝戸《イヘ》」

の語源にしても、すでにそこには生活が含まれている。「家」とは、なによりもまず生活の場所であり、家族の共同生活の場所であり、家族間の人と人との間の場所である。

このように家がなによりもまず人と人との間柄を指し、この間柄が自己のアイデンティティーの形成される場所であるという事情は、もちろん西洋でも変りはない。マックス・ピカートは『ゆるぎなき結婚』（佐野利勝訳、みすず書房）の中でこう言う。「一人の男と一人の女、二、三人の子供とそれに幾つかの事物が、結婚家庭のなかにある……それは男と、女と、子供たちと、そして事物との単なる総和以上のものである。それは一つの像である」。「像、つまり一個の全体をなしているものは、その個々の部分よりも重い意味をもっている。だからまた結婚は夫や妻や子供たちよりも重要なのである」。「結婚は一つの客観的事象である。結婚は夫によって、または妻によって創り出されるものではなく、逆に夫と妻とが結婚によって創られるのだ」。「夫の主観と妻の主観とは、結婚に従属しているのである」。この「像」、この「客観的事象」こそ、結婚および家庭にとって本質的なものである人と人との間のことにほかならない。

とはいえ西洋においては、ピカートのような特別な人は別として、やはり人と人との間は人と人との間ではなくて人と人との間であるにすぎない。このことは、結婚という現象の意味内実の差にも現われ、結婚の形態の差に反映している。西洋では、結婚は一人の男と一人の女とが神の前で互いに誓をかわすことによって成立するのに対して、日本の結婚は本質的には家と家との結婚である。それは、煩を避けずに言うならば、一人の男が自らの自己を見出している人と人との間がそこにおいてある場所としての一つの家と、一人の女が自らの自己を見出している人と人との間がそこにおいてある場所としての一つの家とが結びついて、「家族づき合い」の範囲が拡大し、その成員である一人一人の個人が、より広い間柄において自己を見出しはじめることを意味する。人と人とが結びつくのではなくて、間と間とが融合するのであるから、そこでは夫あるいは妻の一方が死亡しても、原理的には結婚の事実は解消されない。

これに対して、西洋においては夫妻の一方が死亡すれば結婚の事実が解消するだけではなく、結婚によって創設された新しい家もまた解消する。和辻哲郎はその『倫理学』（中巻、岩波書店）において、ヘーゲルの『法の哲学』を引用して、西洋においては家族が人倫的実体であるのは、男女の人格的結合としての婚姻の故であり、家族の本質は婚姻に存する、したがって婚姻により新しい家族が構成されたときには、この家族はそれの出て来た血族あるいは家に対して全然独立のものである、と言い、さらに、家族は結婚によって始まり、子の巣立ちによって、あるいは夫婦の死によって解消する一時的のものである、と言う。このようなヘーゲルの考えが、日本の家あるいは結婚に適用しえないものであることはいうまでもない。

しかし、西洋における家が独立した個人の生活の場であり、日本の家が人と人との間そのもの自己実現であるというこの相違を、もっともよく示しているのは、多くの人によって指摘されている家屋構造の相違であろう。ドイツへ留学した日本人が先ず最初にとまどうのは、ドイツ人が「家」Haus の概念と「住居」Wohnung の概念とをはっきり使い分けていることである。ハウスというのは一つの独立した建築物の全体を指し、ヴォーヌングというのは人の生活単位としての居住空間を指している。だからかなりの富豪とか農家とかでは一つのハウスがそのまま一つのヴォーヌングをなしていることもあるけれども、都会の大多数のハウスはその中に数単位のヴォーヌングを含んでおり、大体それだけの数の家族がそれぞれのヴォーヌングに生活している。これはおおむね、最近日本でも急速に増加しているアパートやマンションの形態と類似している。アパートやマンションの建物全体をハウスといい、2DK、3DKなどと呼ばれる家単位の間取りをヴォーヌングといっているのである。

このようなアパートメント形態をとることによって、日本の居住形式は外見的にはきわめて欧米式になってきた。しかし、実質的な部分においては、大多数の日本人は依然として伝統的な日本的居住形式を放棄していない。それを最もよく象徴的に示しているのが、玄関で靴を脱いで上る習慣と、各個室の開放性とである。

西洋の家においては、アパートメント形式の住宅であれ、一家屋一住宅の家であれ、それぞれの個室の戸口に至るまでの通路（廊下）は、いわば屋外の道路の延長である。人は帽子も外套も靴も脱ぐことなしに、道路を歩いている姿のままで部屋の入口まで到達する。そして、その部屋の出入口は鍵で密閉しうるようになっている。西洋の居住空間において、屋外の道路という公開の場とは本質的に異なった私的空間といえば、厳密にはこの個室だけである。これに対して日本の住宅においては、一戸建ちの家はもちろんのこと、アパートやマンションにおいてすら、玄関の内と外とが私的空間と公的空間を区別するようにできている。この区別は、帽子や外套や靴を脱ぐという行為によって実現される区別でもある。

西洋の家屋において、各室が鍵で密閉されているということは、それらの部屋のそれぞれが独立した私的空間すなわち「家」たりうることを意味している。事実、西洋人は客人を自宅に泊める場合にはそのような一室を提供し、それによって同時に、自宅内に一個の独立した「家」を提供する。客人には家全体の鍵と共に彼の住む部屋の鍵が与えられ、その客人はこの家屋内の廊下を道路同様に使用して自室に住まうことを許される。西洋の「家」はいついかなる時にも個々の部屋に分割され、個々の部屋に収縮する可能性を有している。西洋には、日本の住宅のように外なる街頭からはっきり区別された「うち」としての家が存在しないと言ってよい。

日本の家はこのように外なる街頭からはっきり区別された「うち」であるけれども、その内部における各個室は独立性をまったく有していない。最新のアパートやマンションにおいてすら、その大多数は鍵のかかる部屋を持たない。多くの住宅においては、ふすまや障子が部屋を区分しているが、この区分は多くの場合実用的・便宜的な区分なのであって、西洋の住宅におけるがごとき私的空間を切り取るための区分ではない。仮に自分一人になりたいとか、他人に見られたくない行為が行なわれるとかの場合にふすまや障子が閉められていても、それはなんら積極的な閉鎖の役割を果しえない。この「閉鎖」は、閉鎖の意志が他人によって察しられ、尊重されることの信頼に基づいた受動的なものである。

このように日本の家には西洋的な意味での個室がないということは、個人の自己意識とも深い関係を有している。西洋の家では個人はそれぞれに自室を与えられている。当人の許諾なしには親兄弟といえども入ることを禁じられている固有の空間を有している。日本の家にはそういうものがない。亭主の書斎は、客間にも寝室にも、ひどい場合には子供の遊び場にも転用される。仮に大きな家の中で一人一人が自室を与えられているような場合でも、それは仕事の上、勉強のための便宜上からであって、西洋の家におけるように、個人は自室にあるときにより完全な自己意識をもちうるというようなことはない。日本の家族がそれぞれ自己の存在をもっともよく発見するのは、だれの部屋でもない「茶の間《ま》」においてである。人と人との間《あいだ》がそれぞれの自己に分有される場所、それが「間《ま》」としての部屋である。日本の家には、個人に存在の根拠を与える場所としての個室はなくて、人と人との間が自在に自己を実現していく「間《ま》」だけがある。

このようにして、日本人の居住空間においては各個人に割当てられた独立の私的空間というものがなく、同一の家に住む家族間には「へだて」がない。しかも家は外に対する「うち」として截然と公的社会から区切られた家族共同の私的空間をなしている。このことは、西洋人が個人として社会に関与するのに対して、日本人は家の一員として社会に関与するという一般的傾向と、密接に関係することである。言いかえると、日本人は私的な自己をまずもって「家」所属性において見出すということになる。学校における、職場における、あるいはより広い社会における自己の発見は、すべてこれにくらべれば二次的なものであり、しかもそこにはすべて、この家族的自己発見の形式が持込まれている。この拡大された家族意識については、中根千枝氏の『タテ社会の人間関係』(講談社現代新書)にくわしい。

このようにして自己を第一義的に「家」所属性において見出す日本人にあっては、精神病的な状態において自己の現在のありかたを妄想的に根本から否認し、現在の自己ではない別の自己であろうと欲する場合には、自己の「家」所属性がまずもって否認されなくてはならなくなる。自己がふだん自己を自己として見出している場所としての「家」が、根本から別のものに変更されなくてはならなくなる。これが「貰い子妄想」にほかならない。

貰い子妄想は、西洋と日本との比較においてはまったく日本特有の妄想である。しかし、それはキリスト教的宗教妄想がキリスト教国に特有だというような、単独妄想の特異性以上の大きな意味をもっている。日本の貰い子妄想がその一契機としてその中に組込まれているような「来歴否認症候群」や「家族否認症候群」は、その形式から言えば西洋にも存在する。ただ、そこには貰い子妄想だけが出現して来ない。ということは、人間共通の精神病的自己否認の機制において、日本人だけが、自己の「家」所属性を問題にし、それに根本的改変を加える必要性を有しているということである。だから、「貰い子妄想」が日本特有の症状であるという事実は、日本の自己意識がいかに強く家意識と結びついているかを物語るものであろう。

第六章　文化を超えた精神医学

精神病が、人間が人間であることによって人間に負わされた病である以上、「精神医療」は古今東西を問わず、いかなる時代にもいかなる民族にも存在していたし、現在もなおあまねく存在している。最近の数世紀に世界の「文明国」が所有しているような精神医学のみが、その唯一の形態ではないのである。しかし、科学としての精神医学、ことに精神病理学の成立は、「精神」や「心」を客観化可能な学的対象として、いわば物的に観察するという、近世以降の西洋的思考法のみに、もっぱらその起源を負うている。近世以降の西洋文明の範囲外には、科学としての精神医学や精神病理学の成立する可能性もなかったし、実際にまた成立もしなかった。

そこで、西洋文明がこの数世紀間に徐々に地球上の各地に浸透していくにつれて、それらの各地にもともと存在していた種々の病的な精神現象は、西洋精神医学によってあらためて「発見」されなくてはならぬものとなった。コロンブスが「新大陸」を発見する遥か以前から、現在のアメリカ大陸はそこに土着する人間と共にずっと存在しつづけていたのと同様に、非西洋諸国における病的精神現象も、それが西洋精神医学によって発見されるといなとにかかわらず、それ独自の存在を保ち続けてきたのである。

しかしともかくも、西洋精神医学はそれを発見した。それは最初、功名心に富んだ旅行者や探検家による見聞録の類の中に、各地の珍しい習俗に混って記載されていたらしい。しかし、専門家による或る程度組織的な調査がなされるようになったのは、西洋列強の植民地政策の近代化に伴って、植民地の人間の心理的支配が意図されはじめて以来であった。二十世紀初頭に世界各地の精神医学的調査を行なって「比較精神医学」という名称をはじめて用いたエーミール・クレーペリンも、まだこの新しい学問を「民族心理学の補助科学」としか考えていなかったのである。

比較精神医学が独立の研究分野となるきっかけを作ったのは、一九三〇年代から主としてアメリカを中心にして擡頭した文化社会学、文化人類学であった。個人の精神構造と社会の文化構造との間の密接な関係に眼を向けたこれらの学問は、一種の文化現象としての精神病理的現象にも強い関心を向けるようになった。その代表的な学者としては、本書においても（「日本人とメランコリー」の章に）すでに登場したルース・ベネディクトのほかに、アーヴィン・ハロウェル、アブラム・カーディナー、マーガレット・ミードなどの名を挙げることができる。

これらの文化人類学者たちの研究に刺戟され、さらに一方では当時アメリカに定着していたいわゆるフロイト左派の学者たちの社会学的精神分析理論からの一つの帰結として、アメリカを中心として、文化的環境が個人の精神病理に与える影響を研究対象とする「文化精神医学」が育ってきた。その背景には急激に尖鋭化しつつある黒人問題、ナチスドイツの迫害を避けて移住して来たユダヤ人の問題、それに元来ヨーロッパ各国からの移民によって構成されているアメリカ人やカナダ人自身の人種的雑種性の問題、原住民であるインディアンの問題などの、現実に解決を要する社会的諸問題が重要な要因をなしている。

このような社会的・学問的土壌の中から、一九五〇年代に入って、独立の研究分野としての「比較文化精神医学」が急速に擡頭してきたのは、いわば当然の成行きであった。この学問は、最初クロスカルチュラル精神医学と呼ばれていたが、最近になってカナダのE・D・ウィットカワーが「トランスカルチュラル精神医学」という新しい名称を提唱した。彼によると、トランスカルチュラル精神医学とは「文化《カルチュラル》精神医学の拡大されたものであって、研究者の着眼点が一つの文化単位の範囲を超えて他の文化単位に及ぶことを意味し、これに対してクロスカルチュラル精神医学は、いくつかの文化領域のそれぞれにおける精神医学の比較対照的側面をさす」ものだという。

この定義はあまり明確なものとは言えず、結局のところ「トランスカルチュラル」と「クロスカルチュラル」とが本質的にどう違うのかがよくわからない。しかし、実際に発表されている研究を見ると、前者はかなり文化論的・精神構造的な考察に主眼点を置いた研究に、後者はむしろ、疫学的・実証的な調査に重点を置いた研究に用いられているようである。しかしこの両者を漠然と同義に解する向きも少なくなく、その中ではどちらかというとトランスカルチュラル精神医学の呼称の方が、近年優勢を占めつつある。

ウィットカワーが最初この名称を提唱した時、この「トランスカルチュラル」の「トランス」は、研究者の視点が一つの文化単位から他の文化単位へと移動するというぐらいの意味であった。つまりそれは輸送《トランスポート》、翻訳《トランスレイト》などの「トランス」と同じ意味であった。これに対して私は、一九七〇年のドイツ精神神経学会と一九七一年の世界精神医学会（メキシコ）で、この「トランス」の意味を根本的に変えて「超越」の意味に解し、「トランスカルチュラル精神医学」を「文化を超えた精神医学」の意味で用いることを提案した。

私のいう「文化を超えた精神医学」とは、さしあたって二つの意味を持っている。言いかえればそれは、二つの意味で文化を超越した精神医学を指していると言ってよい。それはまず第一に、種々の文化圏においてそれぞれの文化構造との関連において異なった様相を帯びて出現する病的精神現象の根底に、文化による賦形作用を蒙る以前の、いわば人類共通の意味方向のようなものを見出していこうとするものである。そしてそれは第二に、旧来の自然科学的・生物学的な精神医学への批判から生まれた文化社会学的精神医学に対して、風土論的・生命論的な観点からの再批判を行なおうとするものである。この二つの見地は、結局は互いに離し難く結びついているものではあるけれども、さしあたってはこれを別々に考察する方が便利であるように思われる。

「文化を超えた精神医学」の第一の意味は、種々の文化圏においてそれぞれの文化構造との関連において異なった様相を帯びて出現する病的精神現象の根底に、かかる文化的差異を超越した共通の意味を見出そうとすることであった。精神病的な諸現象が、けっして一般に考えられているような意味破壊的な異常事態ではなくて、人間が生きていくということに関連して一定の確固たる意味を有する現象であること、これがこのような見方の根本的な前提となっている。

例えば土居健郎氏が、「甘え」という心的態度はきわめて日本的なものであるとしながらも、これがけっして日本人だけに見られる現象ではなく、西洋人の心性の中にもひとしく働いている心的態度であって、したがって「なぜフロイドがこれ（甘えの概念）なしにすますことができたか不思議に思った」と言われるとき、土居氏は明らかにこの「甘え」の現象を、文化を超えた人間的意味方向として捉えているのだと言ってよい。

私が種々の病的精神現象を「人と人との間」に生じる事態として捉えようとしていることについても、同じことが言える。前章に述べた対人恐怖症が日本的な神経症であって西洋には稀であるといっても、これはけっして、西洋には対人恐怖症が存在しない、あるいは出現しえないという意味ではない。日本ほど多くはないけれども、西洋にも対人恐怖症に相当する患者はいる。そこでわれわれがここで、対人恐怖症の意味するところは、人間が自己の存在の根拠を自己自身の中にではなく、いわば自己の外部に、つまり自己と相手との間に有していることであり、また自己がどのようにあるかということが自己自身において決せられるのではなく、自己と相手との間から、つまりいわば相手の側、他者の側から決せられるということであると考える場合、このような意味構造はそのまま西洋人の対人恐怖症者についても妥当するものでなくてはならず、したがって西洋人も一般に、可能性としてはこのような自己のあり方を有していることになる。

西洋人にとって、彼らの思考習慣からして極めて認知困難であろうところの、この「人と人との間」の自己措定的な現実性を具体的に例証し、対人恐怖症やその他の種々の病的精神現象を、この人と人との間という場所に関係づけて解釈し直すということ、これは「文化を超えた精神医学」の一つの大きな使命であろう。ここで立ち入る余裕はないけれども、例えば精神分裂病というような病気も、これを心の病気でも身体の病気でもなくて、全き意味においてこの「人と人との間」自体の病気と解することによってのみ、現象学的にも病因論的にも正しい理解が可能である。従来の西洋精神医学が、自らの思想的基礎からの制約によって実現しえなかった一つの理解の可能性が、日本なら日本という特殊な「文化圏」における病的精神現象の考察を通じて、そこに明白に自らを示している新しい着眼点からの照明によって開かれるということになる。このようにして、文化論的・精神構造論的な考察からの一つの帰結として、文化的差異を止揚した精神現象の普遍的な意味方向のようなものを見出すということが、「文化を超えた精神医学」の重要な課題となる。

さて次に、「文化を超えた精神医学」の第二の意味は、旧来の自然科学的・生物学的な精神医学への当然の批判から生まれた文化社会学的精神医学に対して、風土論的・生命論的な観点から逆批判を行なおうとする点にあった。ここで言う風土論とは、すでに述べたように、自然科学的な自然とは根本的に異なった人間学的な意味での「自然」に着目して、そのような自然に対する人間の出会い方、そのような自然の中での人間の生き方を問題にしようとするものであり、またここで言う生命論とは、「生命」を生物学的、客観的な生命とは根本的に異なった、いわば右に言う「人間の生き方」に現われてくる主観的、主体的な生命として、あるいは人間が「ある」ということが「生きる」ということと同義であるような意味での、存在論的な生命として捉えようとするものである。したがって、右に「逆批判」という言葉を用いたのも、けっして昔の自然科学主義・生物学主義への退行を意味してのことではない。それはただ、文化論や社会論の背後にひそんでいる自然を無視した人間中心主義や心理中心主義に対して疑義を提出しようとするものなのである。

本書の「風土と人間性」の章で、私は、人間は決して白紙《タブラ・ラーサ》の状態で特定の社会構造・文化構造の中へ入りこんで、そこで特定の精神構造が形成されるのではなく、これらの社会構造や文化構造の背後には、それを作り上げてき、現在もなお作り上げつつある人間の生き方のようなものを考えなくてはならない、と言った。「この地球上のさまざまな社会、さまざまな文化の多様性の底には、それを作り上げ続けて来た人間集団の、さまざまなものの見方、考え方の、一般的に言うとさまざまな生活の仕方の多様性がある。この順序は、けっして見誤ってはならない。社会構造や文化形態は、あくまでもそれぞれに固有な民族的生活様式の上に立てられたのであって、その逆ではない」。

人間が生きるというのは、自然の中で、自然とのかかわりにおいて生きるということである。さらに言うならば、この「生きる」ということそれ自体が自然に属することなのである。自然を離れて生きるということはありえないし、生きるということと無関係な自然などという観念は、単なる抽象的理念にすぎない。自然は生命であり、生命は自然である。このように、生命の相において捉えられた自然を、われわれは風土と呼んでいる。和辻哲郎は風土を「人間の自己了解の場としての自然」として存在論的に捉えたが、ここで私は、これをさらに生命的な観点から見直して、「人間の生活の場としての生きられた自然」と考えたいのである。だから私は、ヘルダーの言うように元来同一の人類が地球上の各所で自己を「風土化」して独自の文化史を形成するというようには考えないで、人間は生きるということにおいてすでに風土の一部であり、人間は自己を「風土化」するまでもなく、すでに最初から風土的にしかありえないのだ、と考える。このことは「気」の概念を考察した際にも、もう一度はっきりと述べておいた。気を媒介にして風土は人間の内部的風土となり、気は人間の内なる自然の意味をもってくる。本来的に風土的存在である人間が、それぞれに固有の風土性において自然と交り、自然にかかわり、自然を生きる。そして、その生き方からそれに応じたものの見方、考え方が生まれ、これが文化として固定され、社会構造のようなものを規定してくる。もちろん、既成の文化や社会構造が、さらにその中に住む人間のものの見方、考え方に影響を及ぼしてくるという事実も、度外視することは許されないだろう。しかし、根本的な順序から言うと、文化や社会はあくまでも作られたものであって、作るものではない。

精神医学的な実例を挙げよう。一般に「分裂病性」といわれる精神病がかなり急性に発病する場合、それは主として妄想や非合理的思考を主症状として、外面的な行動にあまり乱れのこない妄想型のものと、逆に行動面に激しい乱れが生じて錯乱興奮状態に陥り、妄想は形成されてもごく断片的なものにとどまる緊張型のものとに大別できる。妄想型のものにあっては意識の清明度はおおむね冒されることがないのに対して、緊張型のものでは意識障害が著しい。内分泌系統の異常とか脳波異常とかの身体的な異常所見は、おおむね緊張型のものだけに認められる。一般的に言って、男性は妄想型の、女性は緊張型の発病様式を示しやすい。

さて、この緊張型の精神病の特に激烈なものは、欧米諸国には非常に少なく、アフリカ、東南アジア、中南米に多いことが知られているが、日本にも欧米のほぼ十倍程度の頻度で緊張型精神病が見られるものと推定される（正確な統計は、メランコリーの個所でも述べたような理由から不可能である）。日本の国内だけを取ってみると、このような緊張型精神病は都市には少なく、農漁村に多い。荻野恒一氏は最近、農漁村から大都会に働きに出ている、いわゆる「出かせぎ」の人たちが特にこの型の精神病にかかりやすいことに注目している（「精神医学」昭和四六年三月号）。

以上の概括的な知識だけからも、この緊張型の急性錯乱状態は、いわゆる文化的後進地域に多発するのではないか、それも「出かせぎ」の例に見るように、前近代的な文化が急激に近代文化に接触した時に起りやすい現象なのではないか、という仮定は当然容易に考えうることである。しかし、この仮説の難点は、日本が全体として緊張型精神病の多発国であるという点にある。日本の文化の近代性は、現在ではおそらくはヨーロッパ諸国よりも高いし、特に現代の日本の農村とヨーロッパの農村とを較べてみた場合、日本の農村の機械文明的な意味での近代化はヨーロッパよりも格段に進んでいるものと見なければならない。文化の先進性、近代性の程度だけの因子でこの現象を解釈することは不可能なのである。

次に、文化の質的相違に着目する見方がある。たとえばスクーラーとコーディルは、アメリカの分裂病には妄想型が多く、日本の分裂病には緊張型の攻撃的態度を示すものが多いことの解釈として、日本的文化では対人的な礼儀が重んじられ、欧米文化では理性的認識能力が重んじられる点に着目し、「それぞれの文化における分裂病者が、この主たる文化的期待に対して強い否定的反応を示すのかもしれぬ」という考えを述べている。しかし、この推理は説得力が弱い。第一、「分裂病者が文化的期待に対して否定的に反応する」という仮説はまったく根拠のないものである。彼らの挙げた文化の質の差に着目するならば、むしろ逆に、危機的状況において激しい情動と錯乱とをもって反応する民族が、平時には静かな情緒と礼節を重視する文化を形成し、危機的状況において理性の乱れをもって反応する民族が、平時には整った理性と認識を重視する文化を形成している、と考える方が自然である。

私は、或る地域の人間が、平時においてであれ危機的破局においてであれ、ともかくも情緒面にアクセントの置かれている場合と、他方、この両状況を通じて理性面にアクセントの置かれている場合とでは、これは文化の差異というよりはもっと根底的な自然の生き方の差異を表わしていることなのではないかと思う。わかりやすく言えば、自然との密着度の差異と言ってもよい。

人間の情緒的・情動的な動きは、いわば人間の中へとり込まれた自然の動きである。この事実については、人間の間脳・下垂体・性腺系のホメオスタシスというような概念を用いた生理学的な説明も可能であろうけれども、人間の情緒や気分が自然天然の現象(季節、天候、一日や一月のリズム、年齢的成熟など)と密接に関係していることからも推定できることである。人間の情緒は自然に触れた時に動く。私はさきに、「気分」とは個人を超えて個人を包む宇宙論的な「気」を個人が分有している仕方だと言った。これは、かなり事実的・具体的な意味に解する必要がある。つまり「気」とは自然そのものの動きのことであり、「気分」とは人間一人一人に分有され、取り込まれた自然の動きにほかならない。気分でものを考える人、情緒的にものを見る人は、自然を多く分有している人、自然との距離の少ない人である。

これに対して、合理的・理性的な思考は(これもすでに風土の個所で述べたように)、自然との間に距離を置き、自然を客観視して自然の規則性を観察するという生き方から生じてくるものである。理性それ自身は、自然からのいささかの影響も蒙らない。もちろん、完全に理性だけで生きている人間などはないのであって、人間のものの見方、考え方はその人の分有する自然が多ければ多いほど、理性の規制を離れて情緒的に動くことになるだろう。しかしその場合でも、理性それ自体は原理上、情緒からの作用を受けることはない。理性の勝った人は、それだけ自然から離れた人である。

このように考えるとき、前述の妄想型精神病多発地域と、緊張型精神病多発地域との差異は、両地域の文化的差異によるよりはむしろ、両地域に住む人々の自然との接し方の差異、自然に対する密着度の差異によるものとは見られないであろうか。アフリカ、東南アジア、中南米、それに日本、これらの地域に住む人々は、ヨーロッパやアメリカの人々にくらべて、はるかに自然に近いということができる。それは文化の高さや近代化とは直接には何のつながりもない。文化の高い地域（たとえば京都のような都市）が文化の低い地域（たとえばヨーロッパの農村）よりも、遥かに自然に近いということは、十分にありうることなのである。ただし、この自然との近さという概念は、実際の生活形態の上での近さとは違ったものでありうることを考えておかねばならない。実際の生活形態の上での自然との近さという点ならば、ヨーロッパの農民はやはりきわめて自然に近いのである。しかし、ヨーロッパの農民は、毎日の大部分を自然の中で暮しながら、しかも存在的には自然に対して一定の距離を保っている。これに対して、都市に暮しながらつねに自然と密着しているような人もありうるのである。

しかし、或る一定の文化単位に限って言うならば、都会は農漁村に比べて自然との密着度が低いということは言えるであろう。ことに、近代的な高層建築の立ち並んだ工業都市や商業都市については、この傾向が顕著である。そこに住む人間は、いわば情緒を失った理性だけの人間機械に化しつつある。都市には農漁村にくらべて妄想型精神病が多く、緊張型精神病が少ない理由が、このような点にあるという解釈は確かに成立つだろう。そしてまた、「出かせぎ」のために大都会に出て来た農漁村の人たちは、自然を失った都会の生活に耐えることができないで、農漁村タイプの精神病でもってこの自然疎外に反応するのではないだろうか。

以上、私は急性精神病の文化圏による病型の差異の例をあげて、病的精神現象が文化から直接に説明されるよりも、より根源的・根底的な自然の生き方という観察から考察されるべきものであるという考えを述べた。このことは、さきに私が「文化を超えた精神医学」の第一の意味として述べた、病的精神現象の文化的差異の底にある普遍的かつ根源的な意味方向を探るということと、密接に関係している。つまり、この病的精神現象の普遍的・人間的な意味方向が、臨床的な意味での症状として自らを示す場所とは、人間が自然に出会い、自然を分有し、自然を生きるその場所なのである。

従来の精神病理学は、精神病や神経症が単なる解剖学的な脳の疾患でもなく、単なる知的精神の異常でもなく、人間が人間であることによって人間に課せられた危機的状態と解することを学んできた。いま私たちがこの理解をもう一歩押進めようとするならば、精神病や神経症についての一切の考察は人間が人間たるゆえんにまで、つまり人間を人間たらしめている自然そのものの営みにまで及ぶものでなくてはならない。それは、種々の病的精神現象が地理的・民族的あるいは歴史的・時代的な文化の多様性といういわば偶発的な条件によって蒙る差異の底に、自然そのものがその風土的差別相において現出している一般的意味方向を見出そうとするものでなくてはならない。

もちろん、病的精神現象の出現様式に対する文化的・社会的な要因の影響は、それ自体真剣に考察されるべき重大な問題である。例えばフォン・オレリは、スイスの同一地域におけるメランコリーの症状の時代的変化を調べて、罪責妄想が漸次減少しつつある反面、自己の健康状態に過度の注意を払う心気妄想が増加しつつあることを指摘しているが、この傾向などは、文化構造や社会構造の変化と密接な関連をもつことではないかと思われる。しかしこの場合にすら、この変化の底にはやはり人間と自然との関係の時代的な変化というようなものが考えられるのではないだろうか。少なくとも、この現象を機械文明の尖鋭化による人間の自己疎外とか、宗教意識の稀薄化とかによって説明してしまうだけでは、問題の核心に触れることなしに終る危険があるのではなかろうか。罪責妄想が減って心気妄想が増えるという事態は、ただ単に表面的に、一つの現象が減って別の一つの現象が増えるということにはとどまらない。それは、メランコリーにおけるなんらかの根源的な体験以前の事態の体験面への出現様式が時代と共に変化してきているということを意味している。以前には罪という主題を選んで出現していた或る根源的な事態が、次第に一身の安全という主題を選ぶようになってきたと言ってよい。これは、文化構造における宗教の比重が減少してきたからなのではなくて、むしろこのような体験様式の変化を起こすような人間のあり方の時代的な変化が生じているからこそ、宗教の比重も減少してきたのだと見ることもできるわけである。

この例についてみても、メランコリー病像の時代的変遷にもかかわらず、その根底に時代によって変ることのないなんらかの根源的な意味方向を探るという作業と、その時代ごとの文化的・社会的背景によって当然規定を蒙っているメランコリーの体験面への出現様式をさらに根底的に規定し、文化の時代的変遷と病像の時代的変遷とが共にそれの表現であるような、人間の生き方の時代的変遷に着目するという作業とは、共に「文化を超えた精神医学」の課題となるのである。

一方において文化による差異を超越した普遍的意味方向を求め、他方においてこのような文化による差異の根底をなしている人間の生き方の差異を求めるというこの二重の課題は、一見互いに矛盾しているかに見えるかもしれない。しかしその矛盾は、まったく見かけ上だけのことである。なにかが変化するということが可能であるためには、変化するところのなにかがなくてはならない。そしてこの「なにか」は、一切の変化を通じて同一でなくてはならない。或る病的な精神現象の根底に、人間が生きるということに関するなんらかの意味があるという場合、この意味は人間の生き方がいろいろに変ってもひとしく共通しているものであるはずである。このことは個人精神医学的な観点から言えることであるばかりではなく、種々の地域文化や種々の時代文化を単位にとった場合にも同じように妥当する。いずれの場合にも、問題の所在は文化を超え、文化そのものを成立させている根源の場所、すなわち自然に向い合って人間が生きていくその生き方にある。

人と人とのあいだの病理

一　交換不可能な個人の心

精神病理学の特殊性

木村でございます。

私は、いまもご紹介がありましたように医学部の教授をしています。いま、精神医学は外科や内科の医学とは非常に違うというようなお話がありましたが、実は私がそういう違ったことをやっているだけのことでありまして、精神医学というのはやっぱり一応医学の一つの分野で、一般の、私のような変な人間じゃないまともな精神科の医者は、外科や内科と同じような医学をやっているわけです。

私なんかがちょっと変わり種で、半分哲学に足を突っ込んだような仕事をしているということでありますから、この中でもし医学部志望の方――申し訳ない、ちょっと医学部へ行きたいという方、手をあげてみてくれませんか。医学部志望の人というのは、そんなに沢山もいない……、それでも結構いますね。——そういう方を惑わすことになってはいけないので、予めそういうことを言っておきます。

ただ精神医学というのは、他の、それ以外の医学と決定的に違う点が一つあるのですね。これだけはどうにもしょうがない違う点はですね。他の医学は、人間というのは一応、だれでも大体、同じように出来ていると考えるわけです。一人一人の人間の個性というようなことはあまり考えない。だから、統計処理というようなことをやるわけでしょ。例えば高血圧の薬が開発されたとして、高血圧の人百人にその薬を使って、そのうち例えば三十人の血圧が下ったら、その薬は有効率は三十パーセントだということになります。五十人の人が治れば五十パーセント。この場合、この百人というものは、高血圧だという点では全部同一だとされるのですね、全く同一の交換可能な症例として考えるから、統計というようなことがやれるわけですね。

精神医学の中にも、もちろんそういうやり方やっている人が沢山います。同じように、薬の有効率が何パーセントという数字の出し方をしますし、あるいはもっと他の例でいいますと、疫学というような分野がありまして、精神分裂病なら精神分裂病という病気の発生率が人口一万人に対して何十人であるというようなことをいう。その一万人という人を全部等質の集団とみて、一人一人の違いを排除したうえでそういう話をするわけですね。

ところが、私が専攻しておりますのは精神病理学という学問、その中でも人間学という分野でありまして、人間学というのはどういう事をやるかというと、一人一人の患者というか、そういう心を病んでいる人の、その心のありかた、人生の送りかたを見ていくわけです。となりますと、これは言わなくてもわかることだけども、ここに何百人もいらっしゃる皆さんの、もう一人一人が全部心の動きは違いますね。もちろん自然科学的にみれば、大脳の神経細胞の構造なんかを顕微鏡でみれば大体全部一緒だとみてもよいのに、心はそれぞれの個性をもっている。

何がいったい一人一人の個性をつくるのかというのは、大変難しい問題ですけど、一つの大きなファクターをいいますと、歴史ということがありますね。生まれてから現在まで、だいたい十何年間の歴史をあなた方は持っていらっしゃるわけだけども、この十何年間の歴史が一人一人全部違いますね。たとえ双子であっても、一卵性の双生児であっても、二人が同じ歴史を歩んできてはいませんね。別々の歴史を歩んで、別の人生を送って、いまに至っている。

この歴史や人生の違いということで、結局それぞれの人は全部違うということになるのでしょう。この違いを踏まえて、その人の心の病を見ていくというのが、人間学的な精神病理学の特徴ですし、これはちょっと他の医学にはないことですね。自然科学的な医学にはない。

医者と患者の個的関係——宿命的な制約

その分大変難しい制約を私たちは背負っております。自然科学は統計ということをやりますから、統計で数字を出してコンピューターなんかで処理をして、それで有意の結果が出るかどうかというようなことで、証明が出来ますね。みんなを納得させるような客観的な証明が出来ます。ところが、精神病理学にはその客観的証明というものがありません。ある一人の患者について何かをいいましても、それは別の患者についてはいえないことであるかもしれないですね。

それからもう一つ大きなことは、これはちょっと今日の話とも関係するのですが、その場合ある患者が医者に向って何を語るか。ぼくらに対して何かを語ってくれなければ、あるいは語ってくれなくてもいいのですけれど、ぼくらの前で何らかの行動を示してくれなければ心の具合はわからない。全くしゃべってくれないで、じっと怖い顔をしてぼくらを睨みつけている人もいますけれども、それならその怖い顔をして睨みつけるという行動をぼくらの前でその人がするから、ぼくらはその人の心の具合をある程度読み取ることが出来るわけですね。

それで、そういう内面の表現ですね、その患者の。それは患者自身のことであるのと同じくらい、医者の方、受け手としての医者の方のことでもあるのです。おそらく、あなた方はだれでもしゃべり易い相手としゃべり難い相手というものを持っていると思うのですね。例えば、友達同士の間でもそういうことがあるだろうし、家庭へ帰ってもお父さんとは全然しゃべる気がしないけど、お母さんとならしゃべれるとかね。自分の感情とか内面とかの表出は、相手次第で変わりますでしょ。これはもう必ずそうです。だから、私に向って、私の患者がなにかを語ってくれたとしても、それはあくまでも私に向って語ってくれたことであって、私以外の医者に向って同じことが語られるとはかぎらない。私と同じぐらいの力量を持っていて、私と同じぐらいの経験を持っている精神科医であっても、私とは別の精神科医がその同じ患者を診察した場合、同じ情報が伝わってこないということはありうることですね。人間の心の問題ですから。

だから、客観化は絶対に出来ないわけです。非常に難しい。それでもなお科学でありうるのかという疑問に、私たち自身常に直面しているわけです。そんな情報をもとにしてえられた知識などというものは主観的で非科学的なものだ、学問とはみなさないという人もあります。それはあっても自由なので構わないのだけれども、人間の心を考えていくうえで、いま私が言ったような制約から免れるために、患者も全部交換可能と考える、医者の方も交換可能と考えるということをやれば、その制約は免れることが出来るでしょうが、そのかわりにそこで一番大切なものが抜け落ちてしまう。そこで抜け落ちる一番大切なもの、つまり絶対にその人だけの、交換不可能な心の世界というのをわれわれは扱っているのだから、この制約は宿命的に背負っていかざるをえない。これがまあ私の基本的立場であるわけです。今日の話が、だいたいそういうような基本線にのった話です。

二　人と人との〝あいだ〟への関心

ドイツ語の苦労から鬱病研究へ

前置きはそれぐらいで、「人と人とのあいだの病理」という題でお話しするわけですが、この「人と人との間」というのは、ご存じの方もいらっしゃるかもしれないですが、私が若い頃に書いた本の題名でありまして、そんな本なんか読んでいないという人が沢山いらっしゃるでしょうから、その本の中に書いたこと、あるいは私が人と人の間というようなことを考えるようになった経緯のようなことから少し話をしてみたいと思います。

私がどうしてこんなことを考えるようになったかというと、私は三十歳の時にドイツへ留学したわけですね。ミュンヘンです。もちろん、精神医学の勉強ということで行ったわけです。ところが、ミュンヘンという所はドイツの中でも方言の一番強いところで、もちろんこっちではドイツ語は標準語の勉強しかしていきませんから、全然話が分からない。精神医学というのは患者としゃべらなければ全くどうにもなりませんから、方言ばかり話すミュンヘンへ行って、とにかくお手上げで何にも出来なかった。精神医学にはいきなり入れないという事が分かって、最初一年間ぐらいはしょうがないから、少し神経内科的な事を勉強しておりまして、その間に方言の勉強をして、二年目からやっと精神医学を始めたわけです。

さあ、何を研究しようかというので向こうの先生と相談して、やっぱりお前はまだドイツ語が下手だから、なるべくしゃべらん患者がいいだろう（笑）。しゃべらん患者というと何といっても鬱病です。鬱病でしょんぼりしている人はあまりしゃべらない。あんまりペラペラしゃべる躁病だとか、時々変なことを言い出す分裂病などの患者は、とにかく方言でしゃべられると全く歯が立たない。鬱病のことをやろうということになりました。

鬱病と罪責感——日独の比較

で、鬱病の研究をやることにして、何か面白いテーマはないかなと思って探していたら、鬱病の罪責感についてドイツ人が書いた比較文化論的な論文にぶつかったのです。鬱病患者はですね、典型的な鬱病であれば日本の鬱病でも、世界中どこの鬱病でもそうなのですが、罪の意識、罪責感というのを持つわけです。あるいは自責感といってもいい、自分を責める。自分は悪い人間だ、自分はつまらない人間だ、みんなに迷惑ばっかりかけている。こんなつまらない人間なんか、もう死んでしまった方がいいというようなことを鬱病の患者はよく言うのですね。それは、ぼくらでも何かでひどく落ち込んで、しょげている時には、自己嫌悪に陥ります。その自己嫌悪が、うんと程度が進んだものだと考えていただけばいい。

それで、そのとき読んだ論文には、罪責感はキリスト教と非常に密接な関係があって、キリスト教ではない宗教を持った文化では、罪責感は発生しにくいということが書かれていたのです。もちろんご存じのように、キリスト教は罪というものを非常に重要視する宗教ですね。それが鬱病の症状にも反映している、というわけです。私はその論文を読んだ時に、それはちょっとおかしいと思った。私はその頃日本でもう数年間の精神科医の経験を持っておりましたから、日本の鬱病患者でも、キリスト教徒じゃなくってもちゃんと罪責感は出てくるということを知っておりました。だから、この論文の結論には賛成できなかったのです。

そこで、それを実際に調べてみようということを考えて、ドイツで約百人ぐらいの鬱病の患者を診察したりカルテを調べたりしました。そして、日本へ帰ってから、まだその当時私は京都大学におりましたので、京大でやはり同じぐらいの数の日本人の鬱病の患者を調査しまして、両方がその罪の意識をどういうように感じているかの比較をしたわけです。

そうしたら、数で比較いたしますと、これは日独両国の患者間に全く差異がないということがわかった。ということは、ドイツで私が読んだ論文に書かれていることは間違っているということです。ところが、その罪の意識の内容を分析してみますと、日本人とドイツ人とではやはり非常に違っているのです。ミュンヘンの患者は、ほとんどがカトリック信者です。日本の場合は仏教とはちょっといい難い点がありまして、まあ、あまり宗教心というものがない人達が多かったですけど、大ざっぱにこれをキリスト教文化と非キリスト教文化というように対比させますと、この両者の間で罪の意識の感じが非常に違う。この違いを何とかうまく表現出来ないものかということでいろいろ考えたわけです。

わかり易く、極めて単純化していってしまいますと、ドイツの患者ではとにかくまず、私は悪い人間である、私は罪深い人間であるということが出発点になります。そして、自分を責める。そうやって自分を責める理由として、そこで初めて、例えば他人を十分配慮しなかったとか、自分の家族に対する義務をおろそかにしたとかいうような、他人に対する言及が出てくるわけです。これに対して日本人の患者の場合はそれが逆になっている。他人に対して、つまり家族であるとかあるいは職場の同僚であるとか、そういう人達に迷惑をかけている、困らせている、みんなに顔向けが出来ない、申し訳ないとかいうことが最初から出てきまして、肝心の自分が悪いんだという意識、自分は罪を犯しているのだという意識は、結論的に後から出てくるのですね。

罪の文化と恥の文化

それで、その違いはどういうことだろうかと思っていろいろ考えておりましたら、その当時非常によく読まれていた本で、ルース・ベネディクトというアメリカの女性人類学者の書いた『菊と刀』という本のことを思いついた。これはどういう本かといいますと、第二次大戦の戦時中にアメリカの軍部からの要請を受けて、文化人類学者のベネディクト女史が日本人の精神構造について調査してまとめた本なのですね。アメリカという国はさすがにもう今度の太平洋戦争は始めから勝つと思っていて、勝ったら日本を占領する、占領するのだったら日本人の心の構造をきちんとつかんでおかないと占領政策がうまくいかないと、そこまで読んでいたわけですね。それでその戦時中に、まだ戦争をしている最中に、学者に依頼して日本人の精神構造を調査させたということなのです。この『菊と刀』というのは、なかなか良く出来た本です。もうお読みになった方もあるだろうし、まだだったら読んでみると面白いでしょう。

その『菊と刀』という本の中に、〝罪の文化〟と〝恥の文化〟という言葉が出てくるのですね。罪の文化というのはどういう文化かというと、自分の心の内部の、内面的な良心だけに照らして善悪の判断をする文化をいいます。他人が何と言おうと、他人の意見は借りないで、自分自身の良心を指標にして、良心にやましくない事をしてればそれでよろしい、というわけです。恥の文化というのは、これは善悪の判断を他人の判断にゆだねる。人が見ているからこういう事はしちゃいけない、人から非難されるようなことはしてはいけないというふうに考える。それを恥の文化というわけです。こんなふうに二つに分けまして、キリスト教文化は罪の文化である、それに対して日本人、日本の文化は恥の文化であるということをベネディクトさんが言ったわけですね。

僕は、これが、日本とドイツの鬱病患者の罪責感の違いと、深い関係をもつのじゃないか、と考えたのです。ドイツのカトリックの患者は、他人とは関係なく自分自身を責める、いってみれば内側から罪の意識を抱く。これに対して日本の患者は、自分が他人に迷惑をかけている、他人に非難されるべき状態にあるということで自分を責めるのですね。善悪の判断を他人の目にゆだねている、といってもよい。これはベネディクトの〝罪の文化〟と〝恥の文化〟の対比とぴったりなんですね。ちょっとみると、ドイツ人の罪の意識は内面的で、日本人のは外面的とも見えるわけです。外面的な罪の意識なんていうものは、本当の罪の意識ではない、と言えば言えるわけですから、僕の読んだ論文に、非キリスト教国の鬱病には罪責感は発生しにくい、と書いてあったことにも一理はある、ということになります。しかし、本当に恥の文化というのは〝外面的〟なんだろうか。

ベネディクトは、罪の文化というのは内面的、恥の文化は外面的だから、罪の文化の方が高級である、というようなふうには書いてませんけれども、そう読み取れる。それに対して日本の知識人は大いに腹を立てたわけですね、欧米人が内面的で日本人が外面的とは何事であるかということで腹を立てました。僕もそれに対する批判もいくつか読みましたし、腹を立てる人達の気持ちもよく分かるし、決して無批判にベネディクトの肩を持つ訳ではないのですが、しかし確かに言われてみればその通りなのですね。日本の文化を恥の文化と規定したのは正しいと思うのです。

ドイツに行って、向こうの人達に感心したのは、人が見ていても見ていなくても、してはいけないことはしないのです。日本には、旅の恥はかきすてというような言葉がありますね。外国にいますと、日本人の団体旅行がワンサと押しかけてくる。その人達のやっている事は、ぼくたち留学生が見ていると恥ずかしくなるくらい、何というのか、おそまつなことをやっているのですね。自分の職場にいるときなんか、おそらくもうすこしきちんと規律を守ってやっているはずなのです。それは周囲の目があるということなのでしょう。外国へ行って全然言葉の通じない、一回限りでもう二度と来ることのない所へ出かけていった団体旅行の人達は、実にこちらが見ていて恥ずかしいような行動をしている。日本では、公共道徳というものがなっていないということは昔から言われる訳で、自分を見ている人の目があるところ、誰かが見ているところではきちんとしているけれども、全然見知らぬ他人の前だったら何をしても平気だとかね、そういうところは日本人に確かにあるわけです、残念ながら。

だからベネディクトの指摘は甘んじて受けなきゃいけないだろうと思ったのだけれども、罪の文化が内面的で恥の文化が外面的だという、この点にはぼくもやはりこだわったのです。恥というのは、果たして本当に外面的な他人任せのものであろうか、このことについて、少し考えてみましょう。

恥と〝あいだ〟

マックス・シェーラーというドイツの哲学者があります。このシェーラーという人が恥についてちょっと面白いことを書いているのですね。例えば、人前で裸になるということは、恥ずかしい。羞恥感を伴う、伴いうることですね。ところが、医者の前で裸になる場合には、別に恥ずかしいとは思わない。あるいは、画家のモデルが裸になるとき、別に恥ずかしいとは思わないですね。ところが、例えばその医者がですね、病気をみてもらいに行った先の医者ならいいわけですけれども、自分とごく親しい関係にある医者であったり、あるいはその医者が患者に対して個人的な関心を示している、一般的な関心ならいいのですけどそうではない、個人的な関心で患者に特別な目を向けている時には、その人の前で裸になるのは恥ずかしい。こういうようなことがありますね。

そこでシェーラーはこういうことを言うわけです。ある一つの場面がある。ここに医者と患者がいる。患者はこの場面に、自分はここでは多くの患者の中の一人として身体をみてもらいに来ているのだという一般論的な意味付けをしていますね。そして、医者の方も同じ意味付けをしたとしますね。この双方の意味付けが一致した時には全然羞恥感は起こらない。

ところが、患者の側がそういう、診察を求めるという意味付けをしているのに、医者の側でそれを逸脱した意味付けをしたとしますね。美人の若い患者だったりすると、スケベ根性出して、みなくてもいいオッパイまで見てやろうかというような事を考えるとするでしょ（笑）。この場合には、その患者はもはや一般の患者としてではなく、その人個人として見られることになる。そうすると患者は恥ずかしくなる、羞恥心が出る。その逆もありうるでしょうね。ちょっと医者を誘惑してやろうという、そういうけしからん患者もあるかもしれない（笑）。そういう患者がひどく露出症的に裸を見せる。ところが、相手が謹厳な医者であって、まるでそんなものは見向きもしないで一般的な、事務的な態度で必要な診察だけをしたとすると、やっぱりこの状況は、この人自身が恥ずかしいと思うかどうかは知らないけれども、羞恥心が発生しうるような状況でありうるわけですね。

要するに、ある場面で相手を一般論的に見るか、個別的に見るか、という意味規定の食い違い、この状況認識の食い違いが恥の感情を生むのだと、まあ簡単に言ってしまえばそんなことをシェーラーは書いているのです。恥の感情というのは、ベネディクトによると、外からの目というものだけによって起こるかのようにいうのだけれど、そうじゃない。その人と相手との二人の人の間の状況についての、相互の意味規定のずれのようなものが恥を生むのだ、ということになる。だから、恥というのは決して単なる外面の問題ではなくって、結局ある種の内面、つまり人と人との〝あいだ〟の現象であろうということを私は考えるわけです。

日本人の鬱病患者は、人さまに迷惑をかけている、世間に顔向けが出来ない、皆にあわせる顔がないというような言い方で罪責感を表現する人が多いわけですけれども、つまり相手の判断に照らして自分の至らなさを言うわけなのだけれども、それはベネディクトが恥の文化と言ったような外からの規定と考えるよりは、そもそも自分と相手の〝あいだ〟の出来事として、〝あいだ〟という場所で罪を感じていると考えたほうがいいと、そう思ったわけです。

〝あいだ〟に出ている自己

だから私はその頃、〝あいだ〟という問題をめぐっての本や、日本人の特性についての本をいくつか勉強したのですが、和辻哲郎という有名な哲学者が〝人間〟という言葉について書いておられることが非常に参考になりました。

人間という言葉はもちろん中国で出来た言葉でありまして、仏教と一緒に日本へ入ってきた言葉です。ところが、仏教の教典に書かれている人間という言葉は、本来は中国では人と人との間、人の間という文字通りの意味で書かれていたらしいのですね。だからこの言葉は、むしろ、今で言うと世間という言葉に近い意味で中国では使われていたらしいのです。

ところがその言葉が仏教の書物に書かれているのを日本人が輸入して、それを解釈したり翻訳しているあいだに、いつのまにかこの言葉を一人一人の人物の意味だというように間違って解釈したのだ、というわけです。ところが、もし誤読であるならば、いずれは全体の文脈から考えてその間違いが分かるはずですね。人間というような非常に重要な単語を誤読すると文章の意味が通じなくなるはずです。ところが、いっこうにそういうようなこともなく、中国では人と人との間の意味で使っていたこの言葉を、一人一人の人物の意味で解釈して日本で通ってしまった。現在でも通っているわけですね。人間というと、われわれは人の意味で使っている。

日本でその誤読が通ったところに意味があるのです。それは、日本人は元来人が人であるゆえん、人の本質といったものを、その個人自身の内部にではなく、他人との間に見ていた、だから、他人との間を意味する人間という言葉が個人の意味として受け取れたのだ、というわけですね。

この点が個人中心的な西洋人の考えかたとの決定的な違いになるんですね。キリスト教でしたら、罪というのは、はるか天上高くにいらっしゃる神様と直接に結ばれた個人の良心で感じるわけです。神の声を聞く心の中の場所が、人間の良心ですね。良心の声というのは神の声ですから、そこの所で罪を感じる。だからキリスト教では、たくさんの人がいても、それがすべて良心のところで、つまりそれぞれの個人の中心部で神様と結ばれているわけですね。それで、キリスト教では隣人愛というような事をいうわけです。が、他人を愛せよと、いっても、直接ある人からある人へ愛情が行くというよりは、一度神様を経由して、神様を通って行く、という形になります。〝衛星中継方式〟とぼくは呼んでいるんですけれども。

ところが、日本人の場合は、ちょうどこの神様にあたるのが天上にあるのではなくて、人と人との間のモヤモヤとした不定形の場所みたいな所だということになります。この〝あいだ〟という所に一番重要なものがありまして、このモヤモヤとした〝あいだ〟が、ちょうどキリスト教でいうと神様みたいな役目を果たすのですね。だから、ちょうどキリスト教の場合、衛星からの電波を受け取る良心みたいなもの、人間の心の基盤の中心部みたいなものが、直接に人と人との間とつながっている。というよりも、日本人の場合には、一人一人の存在の根拠というか、その人の本当の意味の自己というのは、その個人の中にはなくて全部外へ出てしまっている、相手との間へ出てしまっているということが言えるだろうと思うのです。

この事実を物語る現象は他にもいろいろあります。日本人の人称代名詞の使い方、自分を示す、英語では〝アイ〟という一人称単数の代名詞は、英語では一つしかないわけですが、日本人の場合はやたらに沢山ある。〝ぼく〟とか〝おれ〟とか〝わたし〟とか〝自分〟とか。あるいは子どもに向かっては〝お父ちゃん〟とか〝お母ちゃん〟とかいうふうに自分を呼ぶこともあるだろうし。それに対して相手も〝おまえ〟とか〝あなた〟とか〝きみ〟とかいうように呼び分けますね。その呼び分け。その呼び分けも、結局二人の間柄、〝アイ〟と〝ユー〟との間が決めているわけでありまして、そんなことは西洋人にいくら説明しても、全く理解してもらえないですね。

西洋人の考えかただと、生まれた時から自分のなかに〝アイ〟というものがあって、〝アイ〟は誰の前へいっても〝アイ〟なのですね。自分の子どもの前でも〝アイ〟だし、先生の前へいっても〝アイ〟なのです。それと同様に、相手は目上の人であろうが、子どもであろうが、すべて〝ユー〟ですませます。ところが日本人は相手との間柄において自分をなんと呼ぶか、相手をなんと呼ぶかがそのつど変ってくる。それだけではありません。英語では〝アイ〟や〝ユー〟は原則として省略できないのに、日本語の場合には状況がよくわかりきっている場面では、むしろ人称代名詞は言わないですね。まるで自分も相手もなくて、二人の間の状況が主語になっているような話し方をします。間の重要性ということは、そういう点にも現れているだろうと思うのです。

そういうわけで、私は〝あいだ〟ということを非常に気にするようになってまいりました。そして精神科学の患者を診ていますと、この〝あいだ〟というものをそこへ入れて考えるか考えないかで理解が随分違うのですね。

三　〝あいだ〟をめぐる病理

対人恐怖症

皆さんは、精神科の病気とは縁がないだろうと思っていると思いますが、ひょっとすると皆さんをギョッとさせるような、「ぼくも危ない」というようなことになるかもしれないような話をいたします。

対人恐怖症という病気があります。この病気のことは、おそらく名前ぐらいは聞かれたことがあるだろうと思うし、中には深刻に自分のこととして悩んでいる人もいるのではないかと思う。対人恐怖というのはですね、実は日本だけというとちょっと言い過ぎで、外国にもありますけれど、日本人に非常に多い。非常に、日本的な特徴のよく出たノイローゼです。

どういう症状が出るかといいますと、対人恐怖にもいろんな重さの程度があるのですが、一番軽いのが赤面恐怖。人の前へ出ると顔が赤くなる。だから人の前へ出たくないという、皆さんの中にも、何パーセントぐらいいるかな。半分とはいわないけど、三分の一ぐらいは多少その気があるのではないかと思う。特に男性でね。日本の若い男性には、多いのです。それからもう一つ同じぐらいの程度のもので、どもりがありますね。人前でものを話すとどもるから、人前に出たくないというわけです。

あるいはですね。自分の目付きはするどすぎるとか、いやらしい目だとか、要するに変な目付きだから人から変に思われたり嫌われたりするのじゃないか。だから人前に出たくないというような、自己視線恐怖。あるいは、もうちょっと重くなりますと、自分の顔は変な顔だから、鼻がゆがんでいるから、あるいは目が左右対称でないから人前に出たくないという醜貌恐怖。もっと重くなりますと、自分の身体からいやな臭いが発散している。自分がバスに乗ると、サッと誰かが窓を開けて空気をかえる。どうも自分は臭っているらしい、というようなことで人前に出ない自己臭恐怖なども出てきます。

ほかにもいろいろあって、例えば公衆便所恐怖症、これは男性だけだけども、公衆便所で人と並んで小便することが出来ないとかね。あるいは外食恐怖症といって、食堂でみんなと一緒に飯を食えないなんていうのもあったり、実に沢山の症状が対人恐怖にはあるのです。全部並べていくと皆さんの中の該当者が増えるだけのことだけども（笑）。

しかし逆に言うと、日本人でこの対人恐怖の傾向をまるでもっていない人がいたとしたら、これはかえってかなり異常な人ではなかろうかという気もするのですね。多少とも対人恐怖的な傾向を持っている方が日本人としては正常です。これは皆さんを安心させるためにちょっと付け加えておきましょう。

対人恐怖の人は、人前へ出るととにかく緊張するわけですね。自分が人から変に見られているのではないかという不安が出て、相手の視線を気にして緊張するものだから、人前へ出たくない。これが対人恐怖全体の共通の特徴ですが、この点に関して面白いことがあるのです。対人恐怖症状には、症状の出現しやすい場所と出現しにくい場所がある。まず、これはあくまで一般論で例外はいくらでもあるのですけど、一般論としては家庭の中、自分の生活している家庭の中では滅多に症状が出ないのです。もし家庭の中で自分のお父さんやお母さんに向かって対人恐怖の症状が出る人があったら、これはやはり、相当重症です。すぐ医者に診てもらった方が良いだろうと思うのですが、まず出ないものなのです、家庭の中では。

それから今度は逆に、例えばデパートなんかへ行ったり、あるいはよその町へ行ったりして、全然見ず知らずの不特定多数の人の前へ出るのは、だいたい平気なのです。中には、相当強度の対人恐怖の症状を持ちながら、ファッションショーのモデルさんなんかやっている人もいる。舞台に上がって、パーッと人の注視を浴びても、これは意外と平気なのです。相手が不特定多数だから。

症状が一番出やすいのはその中間、その二つの中間の地帯です。具体的にどういう場面かといいますと、例えば学生諸君の場合だと毎日同じ顔ぶれが出会う学校のクラスの中というのは非常に辛い状況で、症状が出やすい。社会人だと自分の職場ですね。それから、通勤とか通学バスの中。これは、だいたい乗る時間が決まっていますから、乗り合わせる人も割合に一定している。またあの人と一緒になったとかいうふうに、同じような顔ぶれで乗るでしょ。家庭の主婦なんかの場合には、近所のマーケットですとか、あるいはPTAですとか、そういう顔なじみの人にしょっちゅう出会うような場所、これが一番対人恐怖症状が出やすいわけですね。

挨拶と〝あいだ〟

対人恐怖の症状が一定の場所で出やすいということは前から知られていました。しかし、それにどういう意味があるのか、その一定の場所というのはどんな場所なのか、これをいろいろ考えてみるわけですね。すると、ちょっと面白い事実に気が付きます。これは、やはり私が留学中につくづく思ったことと関係があるのですが、日本人は一般に挨拶が下手だし、苦手ですね。西洋人は他人と挨拶するのが実にうまい、挨拶の仕方が堂に入っている。ただ単に会釈したり握手したりということではなくって、挨拶の言葉の交わし方がその場その場の状況にふさわしく、実に洗練されているのです。

日本人といっても、ぼくらと諸君とはだいぶん年齢が違います。ぼくらの子どもの頃には、やはりしつけとしての、行儀作法としての挨拶ということがかなりやかましく言われましたけれど、いまのぼくらの子どもの世代、諸君の年代は、親がやかましく言わないということもあって、おそらくぼくらよりもっと挨拶ができないんだろうと思います。ところが、ぼくらのように戦前に子ども時代を送って、他人に対する挨拶の行儀作法を叩き込まれた日本人でも、外国へいくと挨拶が下手だという点では劣等感を感じてしまいます。日本人の挨拶下手ということと、日本人に対人恐怖が多いということとのあいだには何か関係があるのではなかろうかと思われるわけです。

実は、先程話した対人恐怖症状の発生しやすい場面というのは、挨拶が必要な場面というふうに言い換えてもいいんじゃないか。家庭の中では、一応〝おはようございます〟とか〝おやすみなさい〟ぐらいの挨拶はしつけとしていわせている家庭が多いと思いますけど、家族といちいち顔合わせるたびに〝こんにちは〟とかいうのはちょっと変です。だいたい挨拶は抜きですよね。それと、見ず知らずの不特定多数の人に対しては、もちろん挨拶は抜きです。その中間に、挨拶が必要な相手、ちょっとした挨拶をした方が良さそうな相手、あるいは挨拶をしようかしまいか迷うような相手というのがありますね。そういった挨拶の必要性が微妙に問題になってくるような相手というのが、対人恐怖の症状がもっとも出やすい相手だと言ってもいいのです。これは対人恐怖というものを考えていく上で、かなり示唆に富むことです。

挨拶ということと対人恐怖とに共通の問題点はなんでしょう。もちろん、いうまでもなく、両方とも相手のある、人と人とのあいだの出来事だということですね。人と出会って、その人との間柄が意識されて、そこに〝あいだ〟というようなものが生じたときに起こってくることです。だから、見ず知らずの他人に対しては、そもそも〝あいだ〟が成立しませんから、挨拶の必要も生じないし、対人恐怖の症状も出てこないのですね。

だけれども、ただ〝あいだ〟があるというだけでも、挨拶の必要性や対人恐怖は出てこないのですね。そのためには、その〝あいだ〟がある種の緊張をおびているということが必要なのです。〝あいだ〟がことさらに意識される必要がある、と言い換えてもいい。

たとえば家庭のなかでは、対人恐怖の症状も出にくいし、挨拶の必要も起きてこないと言いました。家庭のなかにはもちろん〝あいだ〟はあるわけでしょ。とても親密な〝あいだ〟があって、そのなかで家族どうしが出会っています。しかし、私たちは家庭のなかの〝あいだ〟というものをあまりにも当り前と思っていて、もう空気か水のようなものとして受け取っているから、それをことさら意識したりしない。ただし、精神病の患者が出現してくるような家庭では家族一人一人の〝あいだ〟が特に意識される場合もあります。そういった家庭は、その分、緊張が高いのですね。無事平穏な家庭では〝あいだ〟は意識されない。〝あいだ〟が緊張をはらんでいないのです。

個人成立の緊張

この〝緊張〟というのはなんでしょう。そのことを考えるために、さっき対人恐怖の出現しやすい場面のことを話したとき言い忘れたことを、ちょっと補足させてください。これはその前にお話しした恥の問題とも大いに関係があるのです。だいたい対人恐怖というのは人を恥ずかしがる症状だと考えてもいいのですから。

皆さんが電車やバスに乗っているとします。座席にうまく座れたとする。そこへ、自分の前にお年寄りが来て立っている。席を譲ってあげなきゃいけないとは思うんだけれども、ちょっと恥ずかしい、なんとなく勇気が出ない、眠っているふりをしよう、というのが、だいたい日本人の平均的なありかたです。西洋ではそれは許されないですね。若いのが眠っていたら、年寄がキュッと襟をつかんで立たせてしまいます。そんなことされたらよけい恥ずかしいから、年寄が前に立ったらサーッと席を立って譲ってしまうんですね。日本人では狸寝入りをきめこむほうがむしろ正常といってもいい。さてそこで、しかしやっぱり勇気をふるって席を譲ったとします。そのとたんに、対人恐怖の人だったらパッと症状が出るのです。

あるいは、全然見ず知らずの不特定多数の人のなかにいても、たとえば地下鉄の混み合ったホームなんかで肩がぶつかったりして、〝あっ、ごめんなさい〟なんて謝るような状況、こういう状況で対人恐怖の症状が出るのです。つまり、ここでも〝あいだ〟が発生している。元来〝あいだ〟が発生するはずのなかった人との間に〝あいだ〟が発生したわけです。〝あいだ〟が成立したから挨拶の必要が出てきたわけで、それがまた、対人恐怖の出る状況でもあるというわけです。

挨拶というのはね、時代物の映画なんかで昔の合戦の場面を見ていますと、やあやあ、われこそはどこそこの国の何の何左衛門なるぞ、というようなことを言って名乗りを上げるでしょう、敵に対して。あの名乗りは要するに挨拶ですね。われわれの日常の挨拶も、要するに名乗りなのですよね。自分はここにいますよ、といって自分を立てる、自分を相手に見せる、自分を他の誰でもない、この世のなかに一人きりのこの自分として提示するのが、名乗りであり、挨拶であるのです。名乗る前は無名の一般者どうしだったのに、互いに名乗り合ったとたんに個人と個人の関係が生じます。〝あいだ〟が成立するということですね。

個人が意識されるわけですから、そこにある種の緊張が生じます。無名の一般者のなかに没入している自分と、相手にはっきり提示された、〝あいだ〟の一方の担い手としての自分との間の緊張と言ってもよい。さきほど、恥ということに関してマックス・シェーラーの考えを御紹介しました。一般者としての自己と個別者としての自己との意味付けの喰い違いから羞恥の感情が出てくる、ということだったですね。恥ずかしいという感情を生みだすような状況と、挨拶が必要になるような状況、この二つの状況の間には、両方とも同じような性質の緊張があると言って差し支えないだろうと思います。

さきほど、西洋の衛星中継方式と対比させて説明したように、日本人の場合には、〝あいだ〟というのは自分自身が外に出ている場所なのですね。われわれは常に、どんな場合にも自分自身の外へ出ているのですが、この外へ出ている自分、いってみれば形のない自分を、いまここにある形をもった自分の身体にギュッと集約して、自分の身体というものを通じて相手に見せる、これが挨拶ですね。だからこそ、対人恐怖の症状は、だいたい身体の異常として、例えば目付きがおかしいとか顔が赤くなるとか、あるいは身体が臭うというような言い方で、身体の異常として訴えられるのではないだろうか、と思うのです。

身体抜きで、例えば自分は心の中で変なことを考えるから、人に嫌われるんじゃないか、なんていう対人恐怖症状はありません。自分が変なことを考えているのではないかと相手が思っているのではないかと自分が思うという、ややこしい構造をもっているのですね。その場合、相手が見ている自分ということだから、体をもった自己、相手から見られる自己と、はじめから〝あいだ〟の方へ出っぱなしの自己との間の緊張関係から生じるのが対人恐怖だ、と言っておいていいでしょう。

〝もの〟と〝こと〟

対人恐怖の患者、あるいはそういった傾向をもつ人は、先程からお話ししているいろいろの恐怖症状以外に、それとは別にもう一つ、〝あいだ〟という観点から見て興味深い症状をもっていることがあります。この症状も、おそらく皆さんの中にも思い当たる人がいるだろうと思うんですね。それは、自分は話題の少ない人間だ、こういう悩みです。人と向かい合っていて、明るくふるまおうとするんだけれども、話題が出てこない。だいたい河合塾の先生方には話題が多い人が沢山いますね。ぼくは何人か河合塾の先生を知っているのだけれども、次から次へとよく話の続く人が多いですね。そういう話題の豊富な人は、相手と向き合っていても、対人恐怖的な緊張感なんかあまり感じないのだろうと思います。この緊張感をもっている人は話題が少なくなって、今ここで何を話したらいいかわからない。この話題が乏しいという症状と、今お話しした〝あいだ〟と自己との緊張関係ということと、どうつながっているのだろうか、というのが次の問題です。

話がちょっと回り道をいたしますが、ぼくはこれまで書いたものの中で、ときどき〝もの〟と〝こと〟ということを書いてきた。あるいはこれを〝主語的〟と〝述語的〟というように言いかえてもいいのです。

〝もの〟はみんな、主語になりうる。この机はガラスで出来ている、この机は小さい机である、この黒板は大きい、とかいうように、主語の所へ来るのはこの机とかこの黒板とか、あるいはもっと抽象的なものでもいいですね。芸術は人生の糧であるという場合、芸術なんていうものは形のない、どこにあるものでもないわけですけど、主語の位置へいくかぎり、主語として扱えるかぎり、それを一般に一応〝もの〟といっておきます。

一般にあらゆる物体はすべてもちろん〝もの〟でいいのですが、それ以外にも例えば〝芸術というものは〟とか、〝平和というものは〟とかの言いかたができる。〝何々というもの〟という形で主語の位置におけるものはすべて〝もの〟として扱っていいのです。もちろん〝大きいことは良いことだ〟という文章では〝こと〟が主語の位置に来ていますけれども、一般論としてやはり〝もの〟が主語になる。一般に主語というのは、われわれがきちんとイメージ出来る、外部にある、客観的な存在。平和というもの、芸術というもの、美というものなどでもそうです。具体的な物体ではないんだけれども、〝美というものは〟と言った途端に、美というものがなにかこの世の中にある客観的に存在しているものみたいに見えてくるわけですね。主語として語っただけで、客観的に対象化されるのです。

それに対してですね、この花は美しいとか、あるいはこの机は小さいとかいう場合の〝美しい〟とか〝小さい〟とかいう述語、あるいは何々は何々であるという形でもいいのです。ソクラテスは人間であるというときの〝人間である〟、これも述語です。美しいという〝こと〟、小さいという〝こと〟、人間であるという〝こと〟、これはどこにあるとはいえないものですね。〝美しいということは〟、というふうに言えば一応主語になって、〝もの〟的になりますけど、〝何々は美しい〟という場合の述語の場所においた〝美しい〟は、強いてどこにあるかというと、主観の側にあるとしか言いようがない。私の側にしかありません。

つまり、例えばゴッホが汚らしい靴の絵を画いている。この絵を見て、美しいと思う人もいてもいいし、汚らしいと思う人がいてもいい。どう思うかはその人の勝手ですからね。どういう述語をつけてもいい。もし私がゴッホの絵を見て美しいと思ったとすれば、私の中にある美しいという言葉の意味範囲の中へそれを入れただけのことです。

赤いとか青いとかいうのもそうですね。そういう言葉がある以上、何か赤とか青とかいう色が客観的に存在しているかと思うかもしれませんけど、決してそうではない。例えば交通信号の青信号というもの。あれは決して青ではない。緑色なのですね。それを青信号という。客観的に存在している色とは関係ない場合もあるのです。それをどう呼ぶかはこっちの自由なのです。ただ、言葉だから、他人と判り合えないと困るから、一応の取り決めがあるだけのことです。われわれは、赤とダイダイ色を区別しておりますけれども、その区別を知らない人たちもいていいわけですね、異文化の人だったら。そうなると、われわれがダイダイ色だと思っているものも、赤いと言うことになるかもしれない。だから何かを述語的に、何々である、というのは、こちら側の、主観の側の問題だということになるのです。

話がかなりややこしくなったから、整理しましょう。日本語には、何々〝というもの〟という表現と、何々〝ということ〟という表現があります。例外は別として、一般には〝もの〟は文章の主語として置くことが可能だし、〝こと〟で言われるのは述語的な意味です。〝もの〟は一応、主観の外部の客観的な世界に位置づけられますが、〝こと〟はあくまで主観の側の問題です。そして一応〝もの〟があって、それについて〝こと〟が述べられる、という形になっています。ただし、一応はそういう形になっているのだけれども、それはわれわれの常識の陥っているトリックであって、本当は述語的に〝こと〟が述べられて、そこではじめて〝もの〟が〝もの〟としてわれわれの世界に入ってくるのだ、〝赤い〟ということと〝ダイダイ〟ということとの区別が言葉として述べられる文化においてしか、客観的な〝もの〟としての赤い色とダイダイ色、あるいは赤い物とダイダイ色の物は存在しないのだ、というような議論ももちろんあります。それからさらに、日本語の〝もの〟というのは、〝もののあはれ〟とか、〝ものさびしい〟とか、〝もののけ〟とかの用法にも見られますように、単なる客観的な事物存在ではなくて、すでに主観の思い込みの入った概念だという異論もあるでしょう。そういういろいろな議論のありうることは十分に承知した上で、ここでは一応、〝もの〟と主語、〝こと〟と述語を関連させておきたいと思います。

言葉の生まれる場所

ところで、もうひとつ言っておかなくてはいけないことがあります。述語を述べるためには、言葉が要りますね。〝ことば〟というのは、〝こと〟の一端、あるいは〝こと〟を盛る容器という意味です。だから、〝ことば〟があって初めて〝こと〟が見えてくる、そしてそこで初めて〝こと〟が言い表せるのだけれども、その一方で、〝こと〟が〝こと〟として成立していないと、〝ことば〟も成立しない、ということも言えます。〝もの〟は自分のまわりの世界の中にある。架空の存在も、抽象的な概念も含めて、そう言っておきましょう。それで、〝こと〟はどこで成立するのか。さきほどは〝こちら側〟とか〝主観の側〟とか言いましたが、主観と客観を分ける二分法は西洋近代の特殊なものの見かたでありまして、わたしの議論はそもそも、こうした西洋近代の考えかたに対して日本的な考えかたを対比させていこうというところが出発点ですから、これに安易に乗っかっているわけにはいかない。少しこだわりたいと思います。

今日のお話の始めのほうで、日本人は自分というものを、自分は誰か、自分はどんな人間かを、自分と相手とのあいだで決めていると申しました。日本人にとって、自己とはすでに〝あいだ〟のなかに出ているものなのです。このことは、自分と他人との関係について言えるだけではなく、自分と世界、自分と〝もの〟との関係についても言えるのです。

だから日本人の考えかたには、こちら側の主観と向こう側の客観という対立ははっきりしません。自分あるいは主観が、こちら側と向こう側との〝あいだ〟に成立するのですから。だから、述語的な〝こと〟が成立する場所も、単なる〝こちら側〟ではなくて、〝もの〟と自己との〝あいだ〟なのだと言うべきなのです。だから当然、〝ことば〟の生まれる場所もこの〝あいだ〟です。

言葉を使って述語として言われることは、全部意味ですね。何々〝である〟として言い表されるのは、すべて意味です。これに対して、主語のほうは意味ではない。この黒板はとか、この机はとか言う場合、その前にまず、これは黒板である、これは机である、というように述語のところへ置いて言うことによって意味が付いてしまっていますけれども、本来の主語的なもの、アリストテレスが「主語になって述語にならぬもの」と言ったものは、実体であって意味ではありません。

意味という言葉は、英語では meaning と言いますね。この mean という動詞は、元来は、want to say、〝言いたい〟という意味の言葉です。I mean 何々というのは、私は実はこういうことが言いたいのだ、という意味ですね。なにかを言いだしておいて、その後でわざわざ I mean 何々と言い添えるのは、最初に言った言葉がまだ意を尽くしていなかったからなのですね。つまり、meaning というのは決して客観的に決まっている意味ではありません。私が言いたいこと、言葉にしたいことなのであって、それはもちろん私にとっての意味ですから、〝もの〟と私との〝あいだ〟で成立してくる出来事なのです。

大変回り道をして、やっと本題に戻ってきました。話題が乏しいといって悩んでいる患者の話でしたね。この人たちは、要するにこの〝あいだ〟の出来事である meaning を言語化することが苦手なんです。こういう患者は大体、対人恐怖的な傾向をもっています。〝あいだ〟と自己との間の緊張を引き受けることの苦手な人、だから挨拶の苦手な人が、話題が乏しいといって悩むことが多いのです。つまりこれは、自分と相手、自己と世界の間に開けている〝あいだ〟の場所を、あるいはそこで生ずる出来事を、I mean という形で、meaning として、意味として、あるいは〝こと〟として〝ことば〟にする、言語化するのが下手だということです。

ところで、自己と世界の間といっても、この自己というのは、さっきも言ったように世界との〝あいだ〟に出ているものです。自己というのはそれ自体が〝あいだ〟の意味づけであって、それ自体、述語的な〝こと〟であるといってもいい。自己という〝もの〟なんかないのです。対人恐怖の人、話題がないといって悩む人、そういう人はいってみれば、相手との〝あいだ〟、世界との〝あいだ〟を自己という形で結実することが下手な人だといってもいい。〝こと〟と自己、〝ことば〟と自己の間には、非常に深い関係があります。〝あいだ〟を〝こと〟として〝ことば〟で言い表すということと、〝あいだ〟を自己という形で意識するということとは、同じ一つのことだといってもいいのです。だから幼児が言葉を覚えるのと自己が成立するのとは、時期的にも現象的にも、ぴったり一致するのです。

四　自己と〝あいだ〟

精神分裂病と自己確立

〝あいだ〟の病理ということでお話をする以上、精神分裂病のことを言わずに済ませるわけにはいきません。今日は時間があまりありませんから、詳しくお話しすることはできないと思いますが、ほんの入り口のところだけでも、お話ししておきたいと思います。

精神分裂病という病気は、これはもう、かなり重症の病気です。対人恐怖だったら、皆さんの全員がそうであってもあまり困りませんが、分裂病だということになると、これは深刻な問題で、やはりちょっと困るのですね。しかし、本当に分裂病になってしまったら困るけれども、だからといって分裂病を大変に異常で、極めて例外的で、宇宙人が例外的な存在であるのと同じ意味で例外的な存在だと考えてはいけないのです。むしろ、ぼくたちの誰もが、条件さえ揃っていたなら、ひょっとするとなりえたかもしれない。あるいは今後もなりうるかもしれない病気だというように考えてほしいわけです。

それで、本当に分裂病になるための条件がいくつかあるのですね。それがやはり、〝あいだ〟ということと密接に関係しています。

分裂病になった人は、大体、子どものときからおとなしくて、親を困らせたことのない〝いい子〟であることが多いですね。いまぼくが治療している女性の患者さんは、小さいときから、〝絶対に嘘をつかない、ひとの悪口を絶対に言わない、誰にでも親切〟という三つの際立った特徴をもっていたのだそうです。そんな神様みたいな人が本当にいるだろうか、と首をかしげたくなりますね。でも、かなり本当にそういう子だったから、親がぼくにわざわざ報告してくれたのでしょう。この子にかぎらず、嘘をつかない子、人の分けへだてをしない子、他人の気持ちをすぐに察して、思いやりのある子、といった特徴が報告されることが多いのです。分裂病というと、自閉的とか、妄想的とか、あるいは人嫌いの偏屈人間とか、そういったものがすぐ連想されるものだから、いま挙げたような特徴は〝意外〟という感じで受け取られることがあるんですが、実際に案外と多いのです。

ただ、そんな〝いい子〟のまますんなり大人になってくれれば、とてもいい人になるんでしょうけれども、残念ながらそうはいかない。分裂病になっていく子どもは、〝いい子〟である反面、自主性に乏しくて、そのために先々大変苦労をすることになるのです。

嘘をつけないとか、人の分けへだてができないとかいうことは、言ってみれば〝うらおもて〟がないということでしょう。ぼくたちは誰でも、他人に向けた〝おもて〟の顔と、自分自身だけしか知らない〝うら〟の心とを持っています。〝たてまえ〟と〝ほんね〟と言うと、なにか大人の世界のいやらしい取り引きや駆け引きが連想されて、不潔感がありますけれども、そこまで言わなくても、よそゆきの外面と誰にも見せない内面との区別は、人間である以上、誰でも持っているはずのものです。本当を言うと、この区別があるために〝自分〟というようなことが言える。あるいはもっと正確に言うと、この区別のことを〝自分〟という名で呼んでいるのだと言ってよいと思います。社会人として自主性のある人、主体性のある人というのは、この〝自分だけの世界〟をしっかりと持っていて、他人に振り回されない人を言うのですから。

だから、そういう子どもが、びっくりするくらい〝いい子〟なのに自主性や主体性に乏しい子どもが、やがて思春期に入る。中学、高校ぐらいの年頃になって、他人に左右されない、本当に自分だけに固有の社会的な自己というものを身に付けなければならなくなったときに、はたと困るのです。自分には本当の自己がないのではないか、というようなことを悩み始める。そしてその悩みは、残念なことですが、当たっているのです。

これは皆さんのうちの沢山の人が思い当たるところがあるでしょうけれども、別に分裂病へと進まない人でも、思春期というのは誰でも自己確立の問題をめぐって、大なり小なり悩む時期ですね。こどもの世界というのは、本当に幸福な世界です。個別的な自己なんてものを持たなくても、〝うらおもてなく〟、誰とでも平等に接していても、ちっとも困らないだけでなく、〝いい子〟だといって褒められる。親の気持ちを察してさえいれば、親からは可愛がられる。友だちからも、まわりの大人たちからも、〝思いやりのある子〟だといって好かれる。ちっとも困らないのです。

ところが思春期に入ると、そうはゆかない。親というものは自分勝手ですから、依然として〝いい子〟のままでいて欲しがるのですけれども、それでは外の世界で通用しない。〝外の世界〟に出るためには、きちっとした〝内の世界〟が確立されている必要があるのです。自分の中にはっきりした〝うらおもて〟が出来て、人にはこういう態度で接するけれども、自分は本当はこうなんだ、という自分だけの世界が確立していなくてはならないのです。思春期というのは、その転換期に当たるわけです。

そこで、将来分裂病になる人は、この時期にいろいろと自己を確立するための努力を試みるのですが、どれも結局うまくいかない。大体、思春期になってからの努力では遅いのです。それに、そういう人たちが求めている〝自己〟というもの、それは実際に大多数の人が身につけている〝自己〟とはまるで違って、現実にはそんなものはありえないような理想的な自己を夢見る傾向があります。ほどほどの自主性などというものは欲しがらない。誰も人間として持ったことのないような、日常離れをした素晴らしい自己を求めたがるものですから、余計にうまくいかないのです。

そういった状況の最中にあるなんらかの危機的な事態に直面して、そこでいよいよ本当に分裂病が発病してくる、というのがこの病気に陥るおおよその筋書です。この危機的な事態というのは、自己の強さを試される、あるいは自己確認を迫られるような事態だといっていい。若い人の場合には恋愛が多いのです。それと、皆さんと直接関係がある問題として受験とか、大学への入学とかもあるのです。恋愛と受験や入学とでは少し意味が違いますけれど、どちらも自己のあかしを立てなければならない事態だという点では同じです。あるいはこれを、誰からも干渉されない自分自身の世界を作り上げる課題と言ってもいい。これは決して特別なストレスというわけではありません。だれもが必ず通らなくてはならない、人生のひとこまです。大部分の人は、それぞれに苦労はするものの、結局は無事にこの関門を突破して社会人になるのです。ところが、先程から問題にしているような、自己確立のうまくいかなかった人では、こういう自己証明の問題に直面したときに、いよいよ分裂病が発病してしまうのです。

自己の中の他者――自分であるという〝こと〟

分裂病が発病して出てくる症状は、簡単に言ってしまいますと、自分と他人の区別がつかなくなるというか、自分が他人になってしまうというか、結局はそういうことです。だから、自分とは元来なんの関係もない他人の世界のことが、自分と関係しているように思えてきたり（関係妄想）、自分の心の中に自分のではない考えがポカッと出てきたり（自生思考）、他人の声が聞こえてきたり（幻声）、自分の行動が自分の意志によってではなく、他人の意志によって操られているように感じたり（作為体験）、あるいは自分の考えていることが全部他人につつぬけになって、皆が自分の心のなかを知っていると思ったり（思考察知）、そういう自分と他人の区別がつかないというのが、分裂病の一番中心的な症状になります。なかには、他人というものがそんなにはっきり出てこないで、ただ自分が自分ではないとか、自分というものが普通に、当たり前に感じられないとか、そういうことを言うだけの患者もいますが、そういう場合でも、自分が自分として、他の誰のものでもない自分自身として存在するという確信が失われる、と言ってもいいのです。

それと同時にもうひとつ、大切な症状があります。それは、その人の行動や考えていることが不自然になるという症状です。顔つきや表情なんかも不自然になる。これは普通の人には見られない不自然さで、それを見ただけで、あっこの人は分裂病だ、ということがわかるくらい、どぎつい不自然さのこともあります。ドイツあたりでは、分裂病の診断に、一般の医学とおなじように臨床症状に基づいて下す診断の外に、〝感情診断〟とか〝直観診断〟とかといって、患者が診察者に対して与える一種独特の〝感じ〟というか、ぱっと会ったときの印象で直観的に診断がつくということを言っている学者もあります。それくらいはっきりした不自然さもあるのです。

ところで、患者がこちらに向かってそういった不自然な印象を見せている場合、患者の方でも、こちらから、あるいは周囲の世界から、それと同じ性質の不自然な感じを受け取っている、そういってまず間違いありません。つまりこの不自然さは、分裂病の患者がもっている〝症状〟というよりは、患者と診察者との〝あいだ〟が示す独特の不自然さなのです。〝あいだ〟が不自然になるものだから、同じ〝あいだ〟の両側にいる患者と診察者の双方が、同じ不自然さを互いに感じ取ることになる。これは完全に相互的なもの、〝間主観的〟な性質をもったものです。

相互的といっても、ぼくたち診察者の方では、自分の眼の前にいるその患者一人に対して不自然だという印象をもつわけですけれども、これを患者の方からいうと、ぼくならぼくは、そういった不自然さの感じで自分に出会ってくる多数の人のうちの一人に過ぎないわけですね。つまり分裂病の患者は、いま現在眼の前にいる診察者を含めて、まわりの世界全体に対してこの一種独特の不自然さを感じ取っていることになります。この不自然さと、さっきからお話ししている自己の不成立ということとは、勿論非常に深くつながっています。この二つの現象を考えてみることによって、自己とははたしてなんなのか、自己と〝あいだ〟とは一体どんな関係にあるのかが、非常に立体的に見えてくるはずです。

分裂病では、自分と他人の区別ができないということを申しました。自分と他人の区別ができないということは、それだけでもう、自己が自己として成立していないということです。自分ということは〝他人ではないということ〟なのですから。〝ほかならぬ自己〟というような言い方をするでしょう。この〝ほかならぬ〟というところが大切なのです。ぼくたちは普通、自分を基準にして、〝自分でない人〟を〝他人〟とみなしていますが、この基準になる〝自分〟がすでに、〝他人でない〟ということとしてしか成り立たないのです。ここのところは重要なポイントですから、はっきり押さえておいて下さい。

自分を基準にして自分と他人を区別する考えの中には、自分というものをなにか不動の実体として、それだけで絶対的に成り立っている〝もの〟として考えようとする態度が隠れています。しかし、さっきも言ったけれど、自己というものはわれわれが、〝もの〟として自分のどこかにもっているものではありません。心臓とか脳とかいうものは確かに〝もの〟として身体のなかにもっていますけれども、自己なんてものはどこを探しても見つからない。自分という〝もの〟という言いかたをするときには、一応これを主語的に見立てて、向こう側に置いて言っているわけですけど、自分というのは本当は〝もの〟ではなくて、〝こと〟なんですね。自分があるという〝こと〟、自分が自分であるという〝こと〟、自分が他人ではないという〝こと〟、これが自分というものの本当の意味です。〝こと〟ですから、それは決して不動の実体にはならない。その場その場でそれをどう見るかによって違ってきます。自分と見てもいいし、あるいはまた、自分ではないと見てもいい。

自分以外のなにかと見てもいいのです。ただ普通は、〝他人ではないこと〟、〝ほかならぬということ〟を指して〝自分〟とか、〝自身〟とか言っている。それだけのことです。

ですけれども、ぼくたちは自分ということを言うときに、それをいちいち他人と区別したりはしませんね。ここに一人の他人がいる。あ、この人と私は別人だ。だから私は自分だ、なんてことにはならない。他人と会おうが会うまいが、自分は自分だ、というところがやはりあります。これは自分というものを実体化しているのではない。自分だということはあくまで〝こと〟なんだけれども、この〝こと〟が他人といちいちぶつからなくても、普通は成立しているということなのです。哲学的な言い方をすれば、自分ということはアプリオリに、つまり一切の経験に先立って成立しています。この自分の〝先験性〟ということと、事実的あるいは論理的に自己が他人より先だという誤った結論とを混同しないでほしいと思います。

自己のアプリオリ、もしくは先験性がどうして成り立つかというと、それは一切の他者経験に先立って自己が自己自身の〝内部〟に一種の〝他性〟のようなものを含んでいて、この内部的他性との違い、内部的他性との差異として、自己とか自分とかいうことを成立させているからだと言ってよいでしょう。いちいち現実の他人と出会わなくても、自己は自己自身の内部において〝ほかならぬ〟自己なのです。

しかしここで、大急ぎで付け加えておかなければいけないことがあります。それは、この自己の先験性、アプリオリ性というのは、あくまでぼくたち大人の目から見たことであって、まだ、〝自己〟と言えるようなものを完成させていない子どもにとっては、やはりこの自己の先験性も、一回一回の他人の出会いを通じて出来上がってゆくものだ、ということです。生まれたばかりの赤ん坊にとっては、自己とか他者とかいうことはそもそも問題になりません。言ってみれば宇宙の全体がまだ自己とはいえないような自分の世界なのです。この無差別の〝自分〟の世界の中に、ある時以来、他人というものが徐々にはっきりと認知されるようになります。普通はお母さんでしょう。原始的な感覚の世界での、このお母さんとの区別の意識、これが最初の自己の兆しになるのでしょう。それからもうすこし後になって、もっと心理的な次元での自分と他人の区別というものができるようになるのだろうと思います。そしていつからか、〝自己〟という観念が成立して、それと同時に、他人の〝他性〟というものが自己の中に取り入れられる、といってよろしいでしょう。こうして〝こと〟としての自己が一応完成するのです。さて、この意味での自分という〝こと〟と、先程来の〝自然さ〟、〝不自然さ〟とはどういう関係にあるのでしょうか。

自然と自己

ここでいう自然というのは、英語の nature の訳語としての、自然科学とか自然界とかいう場合の〝自然〟とはやや違います。実はこの〝自然〟という名詞が nature の訳語として日本語に定着したのは、わりと新しいことなのですね。たかだか百年ぐらい前のことです。しかしこの〝自然〟という文字は、日本人が中国から漢字を受け入れたそもそもの最初から日本語に入っていました。万葉集には、自然という字を書いて、訓読みで〝おのずから〟と読ませている例があるんですね。音読みでは〝じねん〟と読みました。そしてわれわれが現在〝自然な〟とか〝自然に〟とかいう場合のように、形容詞的、副詞的に用いられていたのです。

自然が〝おのずから〟だとすると、自己は〝みずから〟ですね。〝おのずから〟と〝みずから〟、この二つの言葉はいずれも〝自〟という漢字で書きますね。皆さんはきっと、漢文の勉強で、〝自〟という文字が出てきたときに、これを〝おのずから〟と読んだらいいのか〝みずから〟と読んだらいいのか迷った経験を持っているでしょう。〝おのずから〟と〝みずから〟、日本人は昔からこの二つの概念を持っていた。自然さを表す〝おのずから〟と自分自身を表す〝みずから〟という二つの言葉を持っていたんだけれども、漢字が入ってきたときにこれが両方とも〝自〟という一つの文字で書けることを発見したのです。これは考えてみれば大した発見です。自分が何もしないで、物事がひとりでそうなるという意味の〝おのずから〟と、自分の力で、ほかからの助けを借りずにそうするという意味の〝みずから〟とでは、考えようによっては意味が正反対ですからね。この一見反対の意味をもつ二つの概念を、同じ一つの字で書こうということにしたわけです。

ところがこの〝自〟という漢字、この字にはもうひとつの意味があるのです。それは、〝から〟とか〝より〟とかいう意味です。物事の始まり、起源、出発を表す意味があるのですね。そしてどうやら、この意味がこの字の一番根本の意味だったらしい。というのはこの字は元来、鼻の形から作られたらしいのです。そういえば、現在普通に使っている〝鼻〟の字よりも〝自〟のほうが鼻の形に似てますね。鼻という字にも始まりという意味があります。一番最初の創始者をいう〝鼻祖〟なんて言葉もあるわけですね。どうして鼻が一番最初という意味になるのかということはよくわかりませんけど、競馬ファンだったらなんとなくわかるような気がするんじゃないかな（笑）。

〝自〟が始まりを表すことは、少し古い日本語で会合なんかの時間を表記するのに〝自何時至何時〟という書きかたをしたことでもわかります。〝自二時至四時〟と書けば、二時から四時までという意味ですね。ぼくたちの世代の人にとってはわかりきった使い方なんだけれども、諸君の世代でわかるかな。いまでも全然消えてしまったとは思わないんだけれども。とにかく、文部省が決めた送り仮名という珍妙な規則のために、〝自ずから〟とか〝自から〟とか書けば〝おのずから〟と読み、〝自ら〟と書けば〝みずから〟と読むことになってしまっていますけれども、本当はこの〝から〟のところこそ大切な部分なんですね。

だからつまり、〝おのずから〟と〝みずから〟、自然さと自己の双方を書き表す文字である〝自〟は、元来は物事の発生を意味する文字であったということになります。一般によく使う言葉で〝自発性〟というのがありますけれども、〝自〟というのは言ってみれば、物事の一番根源的な自発性のことだと、そう考えておいてください。

自然の〝然〟というのは〝そのまま〟、〝そのとおり〟という意味ですから、〝自然〟というのは〝自そのまま〟ということです。根源的な自発性がそのままの姿で現れている有様を言い表しています。これに対して自己はどういうことかというと、〝みずから〟の〝み〟というのは、〝身〟、つまり身体ですから、この根源的自発性を自分の身体に引きつけて、自分の身体で引き受けて、こちら側へ引き寄せて感じ取ったものだということができます。万物の発生するおおもとである〝自〟を、そのままの状態で感じ取ると自然ということになり、これを自分の方へ凝縮して感じると自己ということになる、というわけです。

根源的自発性と〝あいだ以前〟

この〝自〟、つまりこの万物の生成の根源である自発性、ぼくはこれが先程から話している〝あいだ〟の元になるものではないかと思っているわけです。ぼくが言っている〝あいだ〟というのは、自己という〝もの〟がまずあって、他人とか世界とかいうものがあって、その結果として自己と他人、自己と世界の間に二次的に出来上がる関係のようなもののことではありません。自己も世界もそこから初めて成立してくるような場所のことです。ですから、そういう場所としての〝あいだ〟の、さらにその元になるようなものというのは、宇宙の森羅万象のすべてがそこから生成する根源的な動きのようなものだと言ってよいでしょう。今日のお話の最初に、西洋人の良心に相当するものは、日本人では〝あいだ〟だと申しました。西洋人の良心が神と直接に接しているように、日本人の良心である〝あいだ〟はこの根源的な自発性と直接に接しているのです。

しかし、〝あいだ〟が自己と他人との間に二次的に生じてくるものではないと言っても、〝あいだ〟という言い方がされる以上、それはやはり何かと何かとの間、ここでは自己と他者との間ということで言われるわけですね。相手との仲が良いとか悪いとか、話がよく通ずるとか、申しわけないとか恥ずかしいとか、そういうことがすべて〝あいだ〟の現象として出てくるわけですが、そういった〝あいだ〟なら、これを〝もの〟として主語の位置において言うことができる。対象化することができます。対人関係とか人間関係とか、相互作用とかコミュニケイションとかの概念で従来から論じられてきたのは、大体はそういった〝もの〟としての〝あいだ〟のことだったと言ってもいい。対人恐怖の人が他人との〝あいだ〟を意識して、〝あいだ〟が発生するのを避けようとするという場合の〝あいだ〟も、一応は——あくまでも〝一応〟のことですけれども——〝もの〟として理解できるような〝あいだ〟です。

しかし、そういった〝もの〟としての〝あいだ〟だけについて、どれだけ論じても、そこから〝こと〟としての自己や他者についての正しい認識は出てこないし、分裂病が、自分という〝こと〟、自分が他人ではないという〝こと〟の成立しにくくなっている事態だとするならば、分裂病についての正しい理解も、そこからは出てきません。自己と他者の区別、自己の成立というようなことを考えるためには、〝もの〟としての〝あいだ〟以前の、まだ〝あいだ〟とは言いにくいような〝あいだ〟、無理に言えば〝あいだ以前〟とでも言わなくてはならないものについて考えてみなくてはならないのです。そしてこの〝あいだ以前〟が、いま〝あいだの元〟と言った〝自〟、つまり根源的自発性のことだということになります。

この〝あいだ以前〟は、実は、まだというか、もはやというか、〝自己と他者とのあいだ〟にはないのです。それは、そこから自己が成立してくる自己の根源ですから、言ってみれば自己自身の底にあると言ってもよい。〝自己と他者とのあいだ〟というような〝外部〟の拡がりではなくて、自己の内部に、あるいはこう言ってよければ〝内部のそのまた内部〟にあるような、自己以前の自発性のことです。自己の根底に、ある種の〝あいだ〟が開けているわけです。これは先程、自己自身の内部の一種の他性、という言い方でお話ししたことと関係があります。自己というのは、これを〝こと〟として見た場合には、それ自身以外のなにものでもないようなすっきりした同一性ではなくて、自己自身の内部での自と他の〝あいだ〟とでもいうべき一種の差異のことなのです。

この内面的な差異は、完成した自己においては、いちいち実際の他人と出会わなくても、自分一人だけの自己意識においても働いていますけれども、ぼくらは普段、そのことには全く気づいていません。気づかなくて済んでいるのです。ところがいま、ぼくらの目の前に他人が現れて、その人との関係、〝もの〟的な意味でのその人との〝あいだ〟が殊更に意識されたとします。会っていて緊張感の生じるような、あまり気楽でない他人との会話を思い浮かべてみて下さい。そういうときには、ぼくたちは殊更に、〝自分〟というものを意識するんじゃないでしょうか。それも、すっきりした、統一のとれた同一性としてではなく、なにか坐りの悪い、ぎくしゃくした、隙間のあいたものとして意識するんじゃないかと思います。〝もの〟としての〝あいだ〟が、自分の内面の〝こと〟としての〝あいだ〟を、普段は眠っている内面的差異としての〝あいだ以前〟を、呼び覚ましてしまったのです。先程、対人恐怖の人が恐れるのは〝一応〟は〝もの〟としての〝あいだ〟だと言いましたけれども、本当を言うと、対人恐怖の人は他人に会ったときに呼び覚まされる自己の内面の〝あいだ〟が怖いのです。つまり、〝あいだ以前〟の場所で、自己を自己としてはっきり立てて、他人にそれを示すということが怖いのです。

この〝あいだ〟のもとである〝自〟が、ありのままの姿で現れ出ているのが自然ということです。自然というのは、決してわれわれの外部にあるものじゃない。むしろ、われわれの内部にあるものです。〝あいだ〟を〝あいだ〟として感じ取る心がなければ、自然を自然として感じ取ることもできません。最近、自然破壊ということがしきりに言われて、山をけずって道をつけたり住宅を建てたり、森林を伐採して開発したりすることへの反対運動が盛んです。それはそれでもちろん大切なことなんですけれども、ただそういった外部にある自然界だけが自然ではないということも忘れてはなりません。そういった自然界とわれわれ自身との〝あいだ〟を自然に感じ取る心の方も大切にしなければいけないのではないだろうかと思います。

〝あいだの病理〟としての分裂病

分裂病の話に戻ります。分裂病は、自己が自己として成立しにくくなる病気だし、それと同時に感じかたも行動も不自然になる病気です。ということは、もうおわかりのことと思いますけれども、分裂病こそ、他のなにものでもない、〝あいだ〟そのものの病気だということですね。〝あいだ〟のもとになっている〝自〟、つまり〝あいだ以前〟が、自然、つまり〝おのずから〟の方向へも、自己、つまり〝みずから〟の方向へも実現できなくなった状態、それが精神分裂病といわれる状態なのです。そして、この〝あいだ〟の実現には、他者というもの、他人というものの存在がどうしても必要です。これも、コミュニケイションなどという〝もの〟的な〝あいだ〟の相手としてではなく、〝あいだ以前〟そのものの中に他性を持ち込み、内面的な差異を持ち込む要因として必要なのです。

以前から、精神分裂病の原因についてはいろんな説が出されていて、まだ決着がついていません。遺伝も半分ぐらいは関与しているらしいのですけれども、それだけで説明しつくせるものでもありません。ぼくはやっぱり、子どものときからの人間関係、とくに親子関係というものが大きな意味を持ってくると思っています。われわれの心のなかに健全な〝あいだ〟への感覚を育てるのは、やはり親子関係だと思うのですね。しかし、ある親が子どもを育てたらその子どもが分裂病になってしまった、という場合、勿論それは、その育て方に問題があったということなのでしょうけれども、実はもう少し複雑なんですね。

例えば、ある分裂病患者の話を聞いてみると、その母親が非常に過保護、過干渉で、こどもが自分で決めるべきことを全部母親が決めてしまっていた、というようなことがわかったとします。そういった親子関係からは、当然、健全な自己、健全な〝あいだ〟の能力は育たないですね。ところが、もっと突っ込んで聞いてみると、この子の父親、つまりお母さんからいうとご主人は、会社の仕事だけが人生みたいな人で、自分の奥さんとも子どもとも、ほとんど対話らしい対話をしたことのない人だということがわかった。このお母さんは、お父さんから十分に愛されない分だけ、この子に構いっきりになったのらしいのです。さらに詳しく事情がわかってきますと、このお父さんは一人っ子で、自分のお父さんは、まだ物心つく前に戦死しておられて、お母さん、つまり患者からいうとお祖母さん一人の手で育てられたということが判明した。母ひとり子ひとりの家庭に育ったわけです。こういう母親ひとりの手で育てられた男性が結婚して、結婚後も母親と同居を続ける場合に、お母さんと奥さんとの間がうまくゆかない、これは大体そう言えます。このお父さんの場合も全くその通りで、患者のお祖母さんはなにかというとお母さんに辛く当たり、もめごとが絶えなかった。お父さんはそういった家庭のごたごたに嫌気がさして、だんだん家にいる時間が少なくなり、会社での仕事だけに生き甲斐を見出すということになってしまったようなのです。

つまり、この子が分裂病になってしまったということの背後には、母親の育てかたというような単純な問題ではなくて、もっと複雑に込み入った人間関係のネットワークが作用しているのです。この子のお祖父さんが若いときに戦死したなどということは、この子は勿論聞いて知っていたかもしれないけれども、直接には家庭内の事情ではないわけです。ましてこの子のお母さんがこの子を過保護に育てたということとは、直接の関係はないわけです。でも、このことを考慮せずに、この家庭の人間関係を理解することはできないように思われるんですね。

お祖父さんが戦死したからこの子が分裂病になった、などということではありません。お祖父さんが亡くなった時点では、まだ赤ん坊だったお父さんが、将来だれと結婚してどんな子どもを作り、どんな家庭をもつのかなどということは一切未定だったわけです、しかし少なくとも、その時点で人間関係のネットワークにある重大な変化が生じた。このネットワークを構成する個人個人の生きかたとは無関係に、いわばネットワークそのものが変化して、この変化が将来にわたってそれに関わる個人の運命を左右することになるのです。この子が分裂病になった、この出来事は、いわばこのネットワークの変化の一つの、重大な〝しわよせ〟みたいなものだと言ってもよいのです。

だから分裂病の原因として人間関係、特に親子関係が重要だと言っても、それはそんなに単純なことではないのです。患者の母親が悪いのでもなければ、父親が悪いのでもない。それぞれに自分の置かれた境遇で最善を尽くして、自己実現につとめてきたのです。しかしこのそれぞれの〝境遇〟を後ろから規定している関係のネットワーク、それがなんらかの事情によって、現在あるいは将来においてこのネットワークのなかに登場してくる一人の人に、分裂病的な生きかたを強いるような、そんなネットワークへと変化したのです。問題は個人と個人との表面的な関係、つまり〝もの〟としての〝あいだ〟の持ちかたにあるのではなく、個人以前の、〝こと〟としてしか捉えられない〝あいだ以前〟のネットワークそれ自体にあるのです。その意味で、分裂病は個人の病気であるよりも、なによりもまず、〝あいだ〟それ自体の病気だということができるのです。

もっといろいろ話したかったのですけれど、時間が来てしまいましたので、どうも尻切れとんぼみたいですけど、この辺でやめておきます。

ご清聴ありがとうございました。

（一九八六年一〇月河合塾大阪校講演をもとに作成）

文庫解説　木村敏とドイツの間、木村敏と京都学派の間

清水健信

木村とドイツ

木村敏は、日本を代表する精神病理学者・哲学者であり、ドイツ留学中にドイツ語で執筆した「離人症の現象学」（一九六三）を皮切りに、西田幾多郎やハイデガー、禅を背景とした独自の哲学的精神病理学を展開した人物である。内因性精神病、とりわけ統合失調症（精神分裂病）で問題になる自己や時間について、「間《あいだ》」を最大の鍵語として論じたが、後年には生命論へと傾斜しつつ、自身の学問を「臨床哲学」と称した（木村は後に平仮名で「あいだ」と書くようになるが、本書では漢字の「間」として登場しているので、ここでは「間」表記としておく）。二〇〇一年以前に執筆された主要な日本語著作は『木村敏著作集』全八巻に収載されているが、それ以外にドイツ語・フランス語・イタリア語での著作も多い。

本書は、その木村の二冊目のモノグラフである『人と人との間』（一九七二）に、大学受験予備校・河合塾でなされた塾生向けの講演記録である『人と人とのあいだの病理』

（一九八七）を付して一冊にまとめたものである。〔1〕

処女作の離人症論の後も、木村は主としてトランスカルチュラル精神医学の範疇に属するドイツ語論文を立て続けに発表していった。本書はそうした初期のドイツ語論文の内容を一般向けにまとめ直す形で書き下ろされたものなので、まずはそれらについて概観してみると、次のようになる。

・「日本とドイツにおける鬱病の比較研究」（一九六五）：留学のテーマであった鬱病の罪責体験の日独比較についてのもの、本書第二章に対応

・「罪責体験と風土」（一九六六）：和辻哲郎の『風土』を下敷きにした文化論的鬱病論、本書第三章に対応

・「比較精神医学の視点から見た罪責体験の現象学」（一九六七）：これも留学テーマの延長、本書第二章

・「日本語から見た分裂病の本質問題に寄せて」（一九六九）：日本語で「気が違う」「気が触れる」「気が狂う」と言うときの「気」をめぐる分裂病論、本書第四章

・「『分裂病の欠陥状態』の問題に寄せて」（一九六九）：向精神薬カルピプラミンへの治療反応性から「真性」分裂病とは何かを論じたもの

・「日本における精神医学的特殊性——とりわけ特有の共人間性を考慮して」（一九七〇）：

日本語の人称代名詞などから精神病理の日本的特殊性について論じたもの、本書第四章
・「精神医学における共人間性」(一九七一):「間」や「気」の観点から精神病について考察したもの、本書第五章
・「いわゆる『対人恐怖』に反映された日本人の自意識構造」(一九七二):日本に多いと言われる「対人恐怖」についての分析、本書第五章
・「妄想的な来歴否認とその文化人類学的意義」(一九七四):木村自身が日本で発見・命名した「家族否認症候群」についての考察、本書第五章

そして、これら一連のドイツ語のトランスカルチュラル精神医学論文の執筆を通じて徐々に木村の鍵語となっていったのが、"Zwischenmenschlichkeit"(間人間性)ないし"Zwischen"(間)の概念である。これらの論文をもとに日本語で書き下ろされた本書は、したがって、木村が「間」の概念を前面に押し出した最初の日本語の著書ともなった。土居健郎の『「甘え」の構造』が出た翌年に同じ弘文堂から刊行されたことも手伝って、本書は精神科医による一種の「日本文化論」としても幅広い読者を獲得し、ハイデガー学者でホメオパスのエルマー・ヴァインマイヤーによってドイツ語にも訳されている(*Zwischen Mensch und Mensch. Strukturen japanischer Subjektivität.* übers. von Elmar Weinmayr, Wissenschaftliche Buchgesellschaft, Darmstadt, 1995)。かくして本書は、木村とドイツ精神病理学

のトランスカルチュラルな関係を象徴する一冊と言うことができる。

もちろん、ドイツの精神病理学者と一口に言っても、その志向はさまざまである。その中でも、辻村公一によるハイデガー『有と時（存在と時間）』の講読を受けてビンスヴァンガーの『精神分裂病』を邦訳していた木村が親しく接したのは、テレンバハやブランケンブルクといった、ハイデガーの影響が強い現象学的・人間学的精神病理学者たちだった。テレンバハは木村をハイデルベルクに客員講師として招聘した人物であり、ブランケンブルクはそのハイデルベルクで木村と出会い文字通りの盟友・親友となった人物であるが、両者ともハイデガーに直接師事して哲学を修めた後に精神医学に転向したという経歴をもつ。木村は「ハイデルベルク大学精神科と日本の精神医学」（一九七九）というドイツ語論文の中で、ヤスパースやシュナイダーといった生物学的で客観主義的な「旧ハイデルベルク学派」について述べた後、より主観や人間性を重んじるテレンバハらの「新ハイデルベルク学派」と京都学派の関係について、次のように言う。

シュナイダーの日本の精神医療への影響が深甚であることが明らかになったのに応じて、それと同じくらいやはりまた見過ごすことができないのは、シュナイダーの即物的で客観主義的な見方に対して、ある対抗運動がすぐに生まれたということである。それは、精神病のうちに医学的な意味での単なる症状を見るのではなく、むしろ現存在に関する自己関係や世界関係の不幸な企投を見ようとし、したがってより「主体近縁的」な共感的了解の視点から全病歴を把握する術を知ろうとするものだった。東アジアの、とりわけ禅仏教の思想伝統に鑑みても、日本人が現象的な所与についての経験的な確述より、メタ身体的でメタ心理的な現実を直接無媒介的に知覚し把握することの方をはるかに好むということ以上に明白なことはない。……このとき特筆に値するのはおそらく、「旧」ハイデルベルク学派に関与したのが主に日本の精神医学の「東京学派」出身の人々であったのに対して、「京都学派」に属する人々は「新」ハイデルベルク学派に関心を寄せたということである。これにはおそらく明確な歴史的理由がある。東京大学の精神科は、依然としてより生物学的・自然科学的な志向をもった研究の方向性によって際立っており、それゆえ精神力動的な傾向と同じくいかなる「哲学的」な傾向にも、常にすげなく反感を抱き続けている。一方、京都大学の精神科は、創設者である今村新吉や私の師である村上仁のもとで非常に自由で人文主義的な学問の雰囲気を享受しており、精神力動的な潮流に対しても現象学的・現存在分析的な潮流に対しても、創設以来ずっと肯定的な態度を取っている。さらに、村上も教壇に立ったことのある京都大学の哲学科は、西田幾多郎や田邊元、和辻哲郎といったこの上なく卓越した多数の哲学者を擁して、日本哲学のかくも名高い京都学派を形成しており、その現在の師は西谷啓治である。[2]

ここで語られているように、ジャネやミンコフスキーなどベルクソン流のフランス語圏の精神病理学を専門としていた初代教授・今村や第三代教授・村上にせよ、ドイツ語圏の精神病理学に詳しい木村（第五代教授）にせよ、いずれも西田以来の京都学派の哲学とも連動する形で、生物学的精神医学からは明確に距離を置いた哲学的で人間学的な精神医学を展開した。木村の精神病理学は、こうした「精神医学京都学派」とでも言うべき風土において形成されたものなのである。そこで以下では、京都学派の学統にも留意しつつ、本書を木村とドイツ精神病理学という観点から位置付けてみたい。なおその際、本邦では木村の外国語論文は十分に紹介されているとは言えないので、ドイツ語論文を中心に外国語で執筆されたものをなるべく多く参照・引用することにする。

Zwischenmenschlichkeit と和辻

本書唯一の完全オリジナルの書き下ろしである第一章は、「このドイツ料理はわれわれ日本人の口には合わない」という日本人の友人（これは大河内了義であることが木村の自伝で明らかにされている）の発言をめぐって、木村がドイツ人の友人（これはハンス・フィッシャー＝バルニコルである）と議論したというエピソードから始まる。木村はこの「われわれ日本人」という言い回しについて、《おのおの個人がそこから生まれて来るような、個人以前のなにものかに関するアイデンティティー、禅でいうと「父母未生已前の自己」に関するアイデンティティー》(二八頁)を表すものだと述べ、この「個人以前のなにものか」を「人と人との間」と呼ぶ。

> 自己が自己として自らを自覚しうるのは、自己が自己ならざるものに出会ったその時においてでなくてはならない。……自己と自己ならざるものとの両者は、いわば同時に成立する。西田幾多郎の有名な「世界が自覚する時、我々の自己が自覚する。我々の自己が自覚する時、世界が自覚する」は、この点を指している。……自己が自己ならざるものに出会った、まさにその時に、ぱっと火花が飛散るように、自己と自己ならざるものとがなにかから生じる。……個人とは、このなにかが、自己と自己ならざるものとの出会いを機縁にして分れて生じて来たものである。このなにかが個人以前にある。……私はさしあたってこのなにかを、「人と人との間」という言い方で言い表わしておこうと思う。(二八—三〇頁)

ここで西田の名が挙げられているが、木村が「人と人との間」と言う時に直接念頭にあったのは、むしろ和辻哲郎であろう。このことは、Zwischen が鍵語として登場する最初の論文が、和辻の『風土』をかなり詳しく紹介した先述のドイツ語論文「罪責体験と風土」であることからもうかがえる。木村はこの論文で、《人間がその生涯を通じてなんらかの関わりをもつべく定められている自然は、われわれにはまず「風土」として現れる》[3]と述べ、和辻に倣って日本の風土的性格をモンスーン型の「受容的・忍従的」に「熱帯的・寒帯的」と「季節的・突発的」という二重性格が加わったものとして定式化した上で、次のように言う。

和辻自身も力点を置いて強調しているように、人間は他の人間と共に共同体を育むことによってのみ、人間になることができる。この根源的な共同体、根源的な共存在は、ときにクローンフェルトがいみじくも「メタコイノン」と呼んで論じているものであるが、この全人間性の根源的な一性の上にはじめて、間人間的な出会い、つまり間人間性の「間」(Zwischen) もまた、それ自体として可能になるのである。[4]

実際、和辻は『人間の学としての倫理学』の中で、元の中国語では「よのなか」や「世間」、つまり das Zwischenmenschliche を意味していた「人間」の語が、日本語においてはそのまま「人」を意味するように転化したという歴史的事実に注目し、人は《人間関係においてのみ初めて人であり、従って人としてはすでにその全体性を、すなわち人間関係を現わしている》[5]、《人間関係が限定せられることによって自が生じ他が生ずる。従って「人」が他でありまた自であるということは、それが「人間」の限定であるということにほかならない[6]》と述べている。木村は「精神医学における共人間性——アジア的視点からのトランスカルチュラルな一寄与」（一九七二）の中でこの和辻の論点を紹介し、《我々はここで、「ニンーゲン」としての人間解釈と、例えば「ポリス的動物」や「相互共存在」といった西洋的な諸規定との微妙な違いを見落としてはならない。……私も汝も、いずれも共通の根源的な現間《げんあいだ》（Dazwischen）に由来するものであるが、それらはその存在の情態性においてすでに最初から現間の情態性という観点から規定されている[7]》と言う。そして、日本語で「気が違う」というときの「気」は、この人と人との「間」を指しており、《本来気が狂い得るのは、あれやこれやの個人ではなく、人間という現間存在《げんあいだそんざい》（Dazwischen-sein）、つまり「ニンーゲン」の間だけである[8]》と述べ、ハイデガーの「現存在」（Dasein）に対して「現間存在」（Dazwischensein）なる概念を提示している。

「間」と並ぶ木村の基本概念である「もの」と「こと」もまた、和辻を強く意識している。木村は、ハイデガーが「個々の存在者の存在」と「存在そのもの」のあいだに見出した「存在論的差異」を、「もの」と「こと」という日本語を用いて解釈した（本書二五九頁以下も参照）。木村の『時間と自己』（一九八二）での説明を借りれば、「木から落ちるリンゴ」という「もの」はあくまで主語的な客体物だが、「リンゴが木から落ちる」という「こと」は、木から落ちるリンゴと、それを見て経験している主体との「間」に生ずる述語的な出来事であり、この「もの」と「こと」との差異こそがハイデガーの言う存在論的差異だというわけである。木村はさらに、「こと」の世界の一端を示すものとしての「ことば（言の端）」についても言及しているが、こうした「もの」「こと」「ことば」をめぐる木村の議論は、和辻の論考「日本語と哲学の問題」（『続日本精神史研究』所収）を明らかに下敷きにしている。和辻もまたこの論考で「動作」「出来事」「言」としての「こと」の意義を強調し、「あるということ」と「あるところのもの」のハイデガー的な区別について論じているからである。和辻のこの論考は、《日本語をもって思索する哲学者よ、生まれいでよ》[9]という言葉で結ばれているが、「間」や「気」についての木村の考察は、まさにこの和辻の呼びかけに精神病理学の立場から応えたものと言えるだろう。

文化を超えた精神医学とVor-Zwischen

このように和辻から多大な影響を受けた木村ではあったが、しかしながら他方で、そこから和辻流の倫理学や文化論へと進むことはなかった。木村はむしろ、そうした倫理や文化の底を掘り下げる方向へ進んでいったのである。本書に登場する「文化を超えた精神医学」という言葉は、木村のこうした方向性を端的に示すものであろう。木村は本書の「はしがき」で次のように言う。

精神医学の内部において日本的特性に関心を向ける場合、そこにどうしても外国との比較という手段が採られることになる。そしてそれは通常、文化論的あるいは社会構造論的な観点から行なわれている。しかし、本書における私の基本的な立場から言うと、病的精神現象の日本的特性をただちに日本の文化や社会構造から説明するというわけにはいかない。私の基本的概念である「人と人との間」とか「風土」とかは、文化や社会構造のもうひとつ根底にあって、それらに対して規定的に働いていると同時に、種々の精神病理学的現象に対しても同じように規定的に働いているものである。このような基本的概念を用いて考察を進めようとする場合、それはどうしても「文化を超えた」精神医学あるいは精神病理学という形をとらざるをえない。このように考えれば、本書の全体がいわば「文化を超えた精神医学」あるいは「文化を超えた精神構造論」の立場でなされていると言うこともできる。(一五頁)

こうした方向性は、本書第六章とおおむね同内容であるドイツ語論文「トランスカルチュラル精神医学と精神病の文化超越性——エンドンと自然」(一九七七)でも変わるところがなく、《従来いまだほとんど論究されてこなかった、「トランスカルチュラル」な精神医学的問題提起の別の可能性、つまり、人間の存在様式としての精神病理の基礎過程の文化を超えた存立についての問いやその文化超越性についての問いを掘り起こすことは、我々には極めて重要であるように思われる[10]》と述べられている。要するに木村は、「トランスカルチュラル」の「トランス」を「超越」の意味に重く取り、文化と精神病理の両方の背後にある「人間の存在様式」に着目することで、「トランスカルチュラル精神医学」を「文化を超えた精神医学」として捉え直そうとしているのである。先述の通り、本書が一種の「日本文化論」として読めるものであることは事実である。しかしながら、木村の議論の射程が、日本の文化を問うことを通して文化それ自体を超えたところから精神医学を考えるところにまで及んでいることもまた、見逃されてはならない点だろう。

文化それ自体を超越しようとする方向性は、同時期の木村のドイツ語論文に登場する“Vor-Zwischen”、つまり「間以前」という語にも表れている。木村は「間」を人間同士の関係として定式化するだけでは満足せず、そうした人間関係それ自体を可能にするような根源的な原理へと深化させ、これを「間以前」と呼んだ。「間の出来事としての分裂病」（一九七五）で木村は次のように言う。

> 人間とはまず何よりも間である（Der Mensch *ist* primär Zwischen）。人間がまず一個の主体であって、然る後に他の主体との出会いを通じてはじめて「間」に足を踏み入れるようなのではなくて、むしろ人間はそれ自体として、あらゆる実際上の出会いに先立って常にすでに予め「間」にいるのである。あるいはこう言った方が良ければ、人間はその都度すでに「間」だったのである。……間は、通常想像されるように二つの事物の

あいだにはじめて生じるものではなく、そうした二つの事物を、ひいてはこうした事物の「間」の関係のようなものをさえそもそも可能にするものなのである。この意味で「間」は、厳密に言えば「間以前」(Vor-Zwischen)である。[11]

1973年の国際文化研究所シンポジウムにて。左からマルセル、大河内、西谷、木村(木村元氏より提供)

実はこのVor-Zwischenの語は、木村とガブリエル・マルセルの対話に深く結びついている。木村は一九七三年九月、マルセルと西谷啓治を囲んで開催された「国際文化研究所シンポジウム」に参加した。国際文化研究所は、先述のフィッシャー゠バルニコルを中心にハイデルベルクで設立された研究所であり、このシンポジウムは、デュッセルドルフの大富豪ヴィクトーア・ランゲンの資金援助のもと、メダルト・ボス門下の現存在分析家マリアン・フォン・カステルベルク夫人のチューリヒの邸宅で開催された。マルセルや西谷以外の参加者は、ボス、ハンス゠ゲオルク・ガーダマー、カール・ラーナー、ヘルマン・シュミッツなどであり、日本からは平田精耕、武藤一雄、西谷裕作、大河内了義、竹市明弘、そして木村が参加していた（したがって、本書冒頭のフィッシャー＝バルニコルと大河内了義とのエピソードはこのシンポジウムと深い関わりがあることになる）。木村は自伝の中でこのシンポジウムを振り返って次のように言う。

たまたま休憩時間にマルセルさんと二人きりで広い庭の芝生に寝そべって、「あいだ」ということについて話をする機会があった。彼はもちろんフランス人なのだが、ドイツ語が達者だった。そのとき私は、私が「あいだ」と呼んでいるのは二人の人が出会ったときにはじめてそこに開かれる人間関係のようなものではなく、二人の人間どうしの出会いということを、それがはじめて可能にするような、だから厳密にいうと「あいだ以前」（Vor-zwischen）であるような、そんな原理のことなのだ、という話をしたと思う。マルセルさんはそれを非常に面白がってくれて、自分にとってこの「あいだ以前」というのはたいへん重要な概念になるだろう、と言ってくれた。ところがマルセルさんは、その僅か一ヶ月後に不帰の客となってしまった。[12]

実際、マルセルは、テレンバハの六十歳記念論文集『肉体・精神・歴史』に寄せた「肉体的出会い」という論考の中で、木村の名を挙げつつ「間」や「間以前」について論じている（この論文集には先の木村の「トランスカルチュラル精神医学と精神病の文化超越性」も収録されている）。《いわゆる心ないし精神の障害は一つの例外もなくすべて「間」の障害として、「間」の崩壊として、それどころか「間」の剝奪として理解できる[13]》と言うマルセルは、母子分離以前の状態は《木村が示唆しようとしているように、「間以前」の状態である[14]》と述べ、この「間以前」は《身体（Körper）にではなく肉体（Leib）に、そして時間ゲシュタルト（Zeit-Gestalt）としての肉体の「歴史」に属する[15]》、《この「間」は厳密な意味で存在論的なカテゴリーであり、そのカテゴリーが規定するのは、その中でのみ実存が自らを認識できる領域である[16]》と言うのである。

このように、木村は和辻的日本文化論の色彩が強い「人と人との間」から発しつつ、そこから「文化を超えた精神医学」としてのトランスカルチュラル精神医学を構想し、「人と人との間」それ自体を可能にする存在論的カテゴリーとしての「間以前」へと思索を深めて行った。この意味で、「文化を超えた精神医学」は、文化を「文化以前」へと超越する精神医学であり、文化精神医学を「文化以前」から問い直す精神医学なのである。

「おのずから」(von selbst)と「みずから」(selbst)では、木村は文化を「文化以前」へと超越した先に何を見出したのか？　それは端的に、「自然」や「生命」である。木村は本書の最終章で、「文化を超えた精神医学」がもつ意味について次のように言う。

「文化を超えた精神医学」の第二の意味は、旧来の自然科学的・生物学的な精神医学への当然の批判から生まれた文化社会学的精神医学に対して、風土論的・生命論的な観点から逆批判を行なおうとする点にあった。ここで言う風土論とは、すでに述べたように、自然科学的な自然とは根本的に異なった人間学的な意味での「自然」に着目して、そのような自然に対する人間の出会い方、そのような自然の中での人間の生き方を問題にしようとするものであり、またここで言う生命論とは、「生命」を生物学的、客観的な生命とは根本的に異なった、いわば右に言う「人間の生き方」に現われてくる主観的、主体的な生命として、あるいは人間が「ある」ということが「生きる」ということと同義であるような意味での、存在論的な生命として捉えようとするものである。したがって、右に「逆批判」という言葉を用いたのも、けっして昔の自然科学主義・生物学主義への退行を意味してのことではない。それはただ、文化論や社会論の背後にひそんでいる自然を無視した人間中心主義や心理中心主義に対して疑義を提出しようとするものなのである。（一二二頁）

木村はここで、自然科学や生物学から距離を取ろうとして文化や社会にばかり拘《こだわ》る態度を批判し、風土論的な「自然」や存在論的な「生命」にこそ着目すべきだと言う（この存在論的生命の発想は、木村後期の概念であるビオス・ゾーエーの生命論的差異の問題につながる）。この引用の直後には、《文化や社会はあくまでも作られたものであって、作るものではない》（二二三頁）とも語られているが、西田幾多郎が「行為的直観」について述べた「ポイエシス」の立場を下敷きにしたこの表現からも、「作られたもの」としての文化ではなく、文化を「作る」というポイエシス的・生命的な産出行為にこそ着目しようとする木村の姿勢が見て取られよう。

木村はのちに、テレンバハと共著のドイツ語論文「ヨーロッパの日常語において『自然』がもつ若干の意味と日本語におけるその相当語について」（一九七七）において、こうした自然の持つ産出性を「おのずから」という日本語に着目して論じることになる。この共著論文は、テレンバハと木村が西欧語と日本語における「自然」理解についてそれぞれ交互に論じる形で書かれており、テレンバハがハイデガーのピュシス理解やゲーテ的自然の概念を提示するのに対し、木村は日本庭園とイギリス式庭園の違いにも触れつつ「おのずから」や「じねん」について論じ、「自然」＝「自《おの》ずから」(von selbst) と「自己」＝「自《みずか》ら」(selbst) に共通する「自」の文字が、元来は根源的な自発性を意味していたことを強調して、「おのずから」と「みずから」は両者にとって共根源的な「から」(von ... aus) の自発性において捉えられるべきだと主張している。《日本人はかくして、自発的な生成、つまり源泉から湧き出る力のようなものを、オノズカラとミズカラの、つまり自然と自己の共通の根底として表現しているのである》[17]。木村は本書の「人と人とのあいだの病理」でも、「あいだ以前」とは《〝自〟、つまり根源的自発性のことだ》（二八〇頁）と述べている。

このとき、木村のこの論述もまた、先述の国際文化研究所シンポジウムを背景としていることは非常に興味深い。国際文化研究所シンポジウムの第二回大会は、一九七四年九月に「自然」をテーマとして京都で開催され、西谷や平田など禅を背景とする京都学派のメンバーのほか世界各地から著名な神学者・哲学者が参加して、日本からは物理学者の湯川秀樹も出席していた。精神科医の参加者は、木村とボス、そしてテレンバハであった。さて、このシンポジウムの成果をまとめた『自然とは何か――国際共同討議』（一九八四）を見れば、西谷がこのシンポジウムで「自然について」と題し、「おのずから」と「みずから」の対比や「自」の意義に言及していることが分かる[18]。質疑応答では、日本庭園とヨーロッパ式庭園の違いについても論題に上がっている。さらに言えば、この共著論文はそもそも、このシンポジウムにおけるテレンバハの発表に、木村が日本語における自然についての部分を書き足す形で成立したものなのである。このシンポジウムが「おのずから」と「みずから」をめぐる木村の議論にとって大きな意味をもつことは明らかだろう。

このシンポジウムはその後、日本の谷口豊三郎の資金援助のもと、「京都国際禅シンポジウム」として継続され、当初は西谷、次いで上田閑照を顧問として、京都嵐山の嵐亭で一九八三年から九八年までほぼ毎年開催されることになった。その成果は全十五巻の年報“Zen Buddhism Today”にまとめられ、その主論文の日本語訳は『明日への提言――京都禅シンポ論集』（一九九九）として単行本化されている。[19] 木村も第六回のシンポジウムで「自己と自然――精神分裂病の一解釈」（一九八八）と題して英語で発表を行っているが、この発表では、木村同様に「おのずから」と「みずから」の問題に着目しながら、両者は共根源的な関係ではなく弁証法的相補関係にあると主張したブランケンブルクが批判されている。

ドイツの精神科医W・ブランケンブルクは、一読に値するその著書『自然な自明性の喪失』の中で、自己と自然さについての典型的な分裂病性の障害は、“Von-selbst-sein”と“Selbst-sein”の間の、つまり自然な自明性と自我の自律性、我々の用語で言えばオノズカラとミズカラの間の、弁証法の機能不全に基づいていると指摘する。……しかしながら我々の見地では、オノズカラとミズカラの関係は「弁証法的な」関係として理解されるべきではない。というのも、それらは両者とも、おのずからなる自発的な生起ないし原初のコトという同じ根から派生しているからである。……このように考えるなら、分裂病における自己と自然さの不成立は、両者ともこの「派生」それ自体の同じ基礎障害の結果であると言える。[20]

かくして、文化を「文化以前」へと超えた先にある「自然」の問題は、「おのずから」と「みずから」という鍵語となって、木村がテレンバハやブランケンブルクと切り結ぶ最大の論点の一つとなった。この論点はまた、マルディネが「後書き」を寄せ、アガンベンが引用した木村のフランス語論文集『現象学的精神病理学論集』(*Écrits de psychopathologie phénoménologique*. Trad. par Joël Bouderlique, PUF, Paris, 1992) の巻頭論文「『おのずから』と『みずから』の間」の主題にも選ばれており、その意味では、木村の思索がドイツ語圏のみならずフランス語圏やイタリア語圏へ、あるいは精神病理学から臨床哲学へと超え出てゆく契機ともなったのである。

おわりに

以上、本書をめぐる背景を、「木村とドイツの現象学的・人間学的精神病理学」「木村と京都学派」といった切り口で浮き彫りにしてきた。本書は、木村とテレンバハやブランケンブルクといった新ハイデルベルク学派の精神病理学者との「間」であると同時に、木村と和辻や西谷、マルセルといった哲学者との「間」でもあるのだ。

なお、木村の著書・蔵書・書簡類を保存・管理する「木村敏記念臨床哲学文庫」が、木村が長年顧問として勤務した資生会八事《やごと》病院内に近く開館する予定である（木村はテレンバハの『メランコリー』とブランケンブルクの『自然な自明性の喪失』を邦訳しているが、この二つの訳書は木村が主宰していた八事病院での読書会から生まれている）。本書『人と人との間』の直筆原稿などを含む木村ゆかりの品々も展示予定であり、本書とあわせて木村再評価の一助となることを願う。

〔1〕木村は京都大学医学部精神科主任教授を定年退官後、河合塾の河合文化教育研究所の主任研究員・所長となっており、木村と河合塾の縁は深い。
〔2〕B. Kimura, Heidelberger Psychiatrische Klinik und japanische Psychiatrie, In: W. Janzarik (Hrsg.), *Psychopathologie als Grundlagen-wissenschaft*. Enke, Stuttgart, 1979, S. 198-9.
〔3〕B. Kimura, Schulderlebnis und Klima (Fuhdo). Nervenarzt 37/9, 1966, S. 395.
〔4〕Id. S. 397-8.
〔5〕和辻哲郎『人間の学としての倫理学』、『和辻哲郎全集』第九巻、岩波書店、一九七七年、一四頁。
〔6〕同書、一六頁。
〔7〕B. Kimura, Mitmenschlichkeit in der Psychiatrie. Z. klin. Psychol. Psychother. 19/1, 1971, S. 8-9.
〔8〕Id. S. 11.
〔9〕和辻哲郎『続日本精神史研究』、『和辻哲郎全集』第四巻、岩波書店、一九七七年、五五一頁。
〔10〕B. Kimura, Transkulturelle Psychiatrie und Kulturtranszendenz der Psychosen. Endon und Shizen, In: A. Kraus (Hrsg.), *Leib, Geist, Geschichte*. Hütig, Heidelberg, 1977, S. 114.

〔11〕B. Kimura, Schizophrenie als Geschehen des Zwischenseins. Nervenarzt 48/8, 1975, S. 435.

〔12〕木村敏『精神医学から臨床哲学へ』、ミネルヴァ書房、二〇一〇年、一七九頁。

〔13〕G. Marcel, Leibliche Begegnung. In: A. Kraus (Hrsg.), *Leib, Geist, Geschichte*. Hütig, Heidelberg, 1977, S. 55.

〔14〕Id. S. 56.

〔15〕Ibid.

〔16〕Id. S. 66.

〔17〕H. Tellenbach, B. Kimura, über einige Bedeutungen von "Natur" in der europäischen Alltagssprache und ihre Entsprechungen im Japanischen. In: K-H. Bender et al (Hrsg.), Imago Linguae. Beiträge zu Sprache, Deutung und übersetzen. Fink, München, 1977, S. 559.

〔18〕西谷啓治「自然とは何か」、国際文化研究所日本支部編『自然とは何か——国際共同討議』、法蔵館、一九八四年、特に三三一頁以下。『西谷啓治著作集』（創文社、一九八六—九五年）では第一四巻、一一二頁以下に相当。

〔19〕なお、このシンポジウムは、スイスの側では、一九七七年以降毎年二回、「チューリヒ会議」の名称でランゲン邸とフォン・カステルベルク夫人宅で交互に開催され、のちにはアスコーナにあるランゲンの別荘へと開催地を移した。木村はこのチューリヒ会議にも二〇〇〇年までほぼ毎回出席し、一九七九年に「会話に対する雰囲気の意義」、一九八一年に「時間と不安」、一九八四年に「無限の限定としての自分」と、計三回の発表を行なっている。エルネスト・グラッシらがその主要な成果をまとめた全三巻の論集（第一巻『性起としての会話』、第二巻『主張と反論』、第三巻『労働と放下』）によれば、日本から一度以上参加したのは、井筒俊彦、今道友信（発表三回）、西谷啓治、大河内了義（発表一回）、竹市明宏、上田閑照（発表八回）、そして木村敏（発表三回）であり、ユングを精神的支柱として同じく

アスコーナで開かれていたエラノス会議の顔ぶれとの異同が興味深い（例えばエラノス会議の常連である河合隼雄はチューリヒ会議には参加したことがなく、逆にチューリヒ会議の常連である木村はエラノス会議には一度も参加していない）。

〔20〕Kimura B（1988）：Self and Nature. An interpretation of schizophrenia. In: Zen Buddhism Today. Annual Report of the Kyoto Zen Symposium, No. 6, 1988, p. 8. 岩本明美訳「自己と自然——精神分裂病の一解釈——」、堀尾孟編『明日への提言——京都禅シンポ論集』、天龍寺国際総合研修所、一九九九年、八六—八七頁。訳文は適宜変更した。

本書は一九七二年三月二〇日に弘文堂から刊行された『人と人との間——精神病理学的日本論』と、一九八七年一二月一日に河合文化教育研究所から刊行された河合ブックレット11『人と人とのあいだの病理』を合本にしたものです。

本文中には、今日では不適切であるととられかねない表現がありますが、作者が故人であることと、執筆当時の時代背景を考え、原文のままとしました。

また、弘文堂刊の『人と人との間』では、作者はその概念である「間」を漢字表記しましたが、後にこれを平仮名で「あいだ」と書くようになります。本書ではそれぞれの底本に従い、「人と人との間」では「間」、「人と人とのあいだの病理」では「あいだ」と表記しています。

新編 分裂病の現象学　木村敏

分裂病を人間存在の根底に内在する自己分裂に根差すものと捉え、現象学的病理学からその自己意識や時間体験に迫る、木村哲学の原型。（内海健）

近代日本思想選 西田幾多郎　小林敏明編

近代日本を代表する哲学者の重要論考を精選。理論的変遷を追跡できる形で全体像を提示する。『日本文化の問題』と未完の論考「生命」は文庫初収録。

近代日本思想選 九鬼周造　田中久文編

日本哲学史において特異な位置を占める九鬼周造。時間論、「いき」の美学、偶然性の哲学など、その思考の多面性が厳選された論考から浮かび上がる。

近代日本思想選 三木清　森一郎編

人間、死、歴史、世代、技術……。これらのテーマに対し三木はどう応えたか。哲学の可能性を追究した〈活動的生の哲学者〉の姿がいま立ち現れる。

近代日本思想選 福沢諭吉　宇野重規編

近代日本の代表的思想家であり体現者であった福沢諭吉。その思想の今日的意義を明らかにすべく清新な観点から重要論考を精選。文庫初収録作品多数。

増補改訂 剣の精神誌　甲野善紀

千回を超す試合に一度も敗れなかった江戸中期の天才剣客真里谷円四郎。その剣技の成立過程に焦点を当て、日本の「武」の精神文化の深奥を探る。

増補 民族という虚構　小坂井敏晶

〈民族〉は、いかなる構造と機能を持つのか。血縁・文化連続性・記憶の再検証によって我々の常識を覆し、開かれた共同体概念の構築を試みた画期的論考。

増補 責任という虚構　小坂井敏晶

ホロコースト・死刑・冤罪の分析から現れる責任の論理構造とは何か。そして人間の根源的姿とは。補考「近代の原罪」を付した決定版。（尾崎一郎）

朱子学と陽明学　小島毅

近世儒教を代表し、東アジアの思想文化に多大な影響を与えた朱子学と陽明学。この二大流派の由来と実像に迫る。通俗的理解を一蹴する入門書決定版！

増補 ソクラテス　岩田靖夫

ソクラテス哲学の核心には「無知の自覚」と倫理的信念に基づく「反駁的対話」がある。その意味と構造を読み解き、西洋哲学の起源に迫る最良の入門書。

英米哲学史講義　一ノ瀬正樹

ロックやヒュームらの経験論は、いかにして功利主義、プラグマティズム、そして現代の正義論や分析哲学へと連なるのか。その歴史的展開を一望する。

規則と意味のパラドックス　飯田隆

言葉が意味をもつとはどういうことか？　言語哲学の難題に第一人者が挑み、切れ味抜群の議論で哲学的に思考することの楽しみへと誘う。

スピノザ『神学政治論』を読む　上野修

聖書の信仰と理性の自由は果たして両立できるか。スピノザはこの難問を、大いなる逆説をもって考え抜いた。『神学政治論』の謎をあざやかに読み解く。

倫理学入門　宇都宮芳明

倫理学こそ哲学の中核をなす学問だ。カント研究の大家が、古代ギリシアから始まるその歩みを三つの潮流に大別し、簡明に解説する。（三重野清顕）

知の構築とその呪縛　大森荘蔵

西欧近代の科学革命を精査することによって、二元論による世界の死物化という近代科学の陥穽を克服する方途を探る。（野家啓一）

物と心　大森荘蔵

対象と表象、物と心との二元論を拒否し、全体としての立ち現われが直にあるとの「立ち現われ一元論」を提起した、大森哲学の神髄たる名著。（青山拓央）

思考と論理　大森荘蔵

人間にとって「考える」とはどういうことか？　日本を代表する哲学者が論理学の基礎と、自分の頭で考える力を完全伝授する珠玉の入門書。（野家啓一）

他者といる技法　奥村隆

マナーや陰口等、他者といる際に用いる様々な技法。そのすばらしさと苦しみの両面を描く。「生きる道具」としての社会学への誘い。（三木那由他）

増補 靖国史観　小島毅

靖国神社の思想的根拠は、神道というよりも儒教にある！　幕末・維新の思想史をたどり近代史観の独善性を暴き出した快著の増補決定版。（與那覇潤）

かたり　坂部恵

物語は文学だけでなく、哲学、言語学、科学的理論にもある。あらゆる学問を貫く「物語」についての領域横断的論考。（野家啓一）

〈権利〉の選択　笹澤豊

日本における〈権利〉の思想は、西洋の〈ライト〉の思想とどう異なり、何が通底するか。この問いを糸口に、権利思想の限界と核心に迫る。（永井均）

流言蜚語　清水幾太郎

危機や災害と切り離せない流言蜚語はどのような機能と構造を備えているのだろうか。つかみにくい実態を鮮やかに捌いた歴史的名著。（松原隆一郎）

ニーチェ入門　清水真木

現代人を魅了してやまない哲学者ニーチェ。「健康と病気」という対概念を手がかりに、その思想の核心を鮮やかに描き出す画期的入門書。

社会思想史講義　城塚登

近代社会の形成から現代社会の変貌まで、各時代が抱える問題を解決しようと生みだされた社会思想。思想家達の足跡を辿る明快な入門書。（植村邦彦）

現代思想の冒険　竹田青嗣

「裸の王様」を見破る力、これこそが本当の思想だ！　この観点から現代思想の流れを大胆に整理し、明快に解読したスリリングな入門書。

自分を知るための 哲学入門　竹田青嗣

哲学とはよく生きるためのアートなのだ！　その読みどころを極めて親切に、とても大胆に元気に考えた、斬新な入門書。哲学がはじめてわかる！

プラトン入門　竹田青嗣

哲学はプラトン抜きには語れない。近年の批判を乗り越え、普遍性や人間の生をめぐる根源的な思索者としての姿を鮮やかに描き出す画期的入門書！

統計学入門　盛山和夫
統計に関する知識はいまや現代人に不可欠な教養だ。その根本にある考え方から実際的な分析法、さらには陥りやすい問題点までしっかり学べる一冊。

論理学入門　丹治信春
大学で定番の教科書として愛用されてきた名著がついに文庫化！　完全に自力でマスターできる「タブロー」を用いた学習法で、思考と議論の技を鍛える！

論理的思考のレッスン　内井惣七
どうすれば正しく推論し、議論に勝てるのか。なぜ、どこで推理を誤るのか？　推理のプロから15のレッスンを通して学ぶ、思考の整理法と論理学の基礎。

日本の哲学をよむ　田中久文
近代を根本から問う日本独自の哲学が一九三〇年代に生まれた。西田幾多郎・田辺元・和辻哲郎・九鬼周造・三木清による「無」の思想の意義を平明に説く。

「やさしさ」と日本人　竹内整一
「やさしい」という言葉は何を意味するのか。万葉の時代から現代まで語義の変遷を丁寧にたどり、日本人の倫理の根底をあぶりだした名著。（田中久文）

「おのずから」と「みずから」　竹内整一
「自（ずか）ら」という語があらわす日本人の基本発想とはどのようなものか。日本人の自己認識、超越や倫理との関わり、死生観を問うた著者代表作。

日本人は何を捨ててきたのか　鶴見俊輔／関川夏央
明治に造られた「日本という樽の船」はよくできた「樽」だったが、やがて「個人」を閉じ込める「檻」になった。21世紀の海をゆく「船」は？（髙橋秀実）

鶴見俊輔全漫画論1　鶴見俊輔／松田哲夫編
漫画はその時代を解く記号だ。――民主主義と自由について考え続けた鶴見の漫画論の射程は広い。そのすべてを全2巻にまとめる決定版。（福住廉）

鶴見俊輔全漫画論2　鶴見俊輔／松田哲夫編
幼い頃に読んだ「漫画」から「サザエさん」「河童の三平」「カムイ伝」「がきデカ」「寄生獣」など。各論の積み重ねから核が見える。（福住廉）

ウィトゲンシュタイン『論理哲学論考』を読む　野矢茂樹

二〇世紀哲学を決定づけた『論考』を、きっちりと理解しその生き生きとした声を聞く。真に読みたい人のための傑作読本。増補決定版。

科学哲学への招待　野家啓一

科学とは何か？　その営みにより人間は本当に世界を理解できるのか？　科学哲学の第一人者が、知の歴史のダイナミズムへと誘う入門書の決定版！

論理と哲学の世界　吉田夏彦

哲学が扱う幅広いテーマを順を追ってわかりやすく解説。その相互の見取り図を大きく描きつつ、論理学の基礎へと誘う大定番の入門書。（飯田隆）

ソフィストとは誰か？　納富信留

ソフィストは本当に詭弁家にすぎないか？　哲学成立とともに忘却された彼らの本質を精緻な文献読解により喝破し、哲学の意味を問い直す。（鷲田清一）

哲学の誕生　納富信留

哲学はどのように始まったのか。ソクラテスとは何者かをめぐる論争にその鍵はある。古代ギリシアにおける哲学誕生の現場をいま新たな視点で甦らせる。

ドゥルーズ　解けない問いを生きる〔増補新版〕　檜垣立哉

ドゥルーズの哲学は、いまという時代に何を問いかけるか。生命、テクノロジー、マイノリティといった主題を軸によみとく。好評入門書の増補完全版！

新版　プラトン　理想国の現在　納富信留

近代日本に「理想」という言葉を生み、未来をひらく力を与えたプラトン哲学。主著『ポリテイア』の核心を捉え、哲学の可能性を示す。（熊野純彦）

西洋哲学史　野田又夫

西洋を代表する約八十人の哲学者を紹介しつつ、哲学の基本的な考え方を解説。近世以降五百年の流れを一望のもとに描き出す名テキスト。（伊藤邦武）

ナショナリズム　橋川文三

日本ナショナリズムは第二次大戦という破局に至るほかなかったのか。維新前後の黎明期に立ち返り、その根源ともう一つの可能性を問う。（渡辺京二）

最後の親鸞　吉本隆明
宗教以外の形態では思想が不可能であった時代に、仏教の信を極限まで解体し、思考の涯まで歩んでいった親鸞の姿を描ききる。（中沢新一）

養老孟司の人間科学講義　養老孟司
ヒトとは何か。「脳‐神経系」と「細胞‐遺伝子系」。二つの情報系を視座に人間を捉えなおす。養老「ヒト学」の到達点を示す最終講義。（内田樹）

記号論　吉田夏彦
文字、数字、絵画、空の雲……人間にとって世界は記号の集積であり、他者との対話にも不可欠のツールだ。その諸相を解説し、論理学の基礎へと誘う。

モードの迷宮　鷲田清一
拘束したり、隠蔽したり……。衣服、そしてそれを身にまとう「わたし」とは何なのか。スリリングに語られる現象学的な身体論。（植島啓司）

新編 普通をだれも教えてくれない　鷲田清一
「普通」とは、人が生きる上で拠りどころとなるもの。それが今、見えなくなった……。身体から都市空間まで、「普通」をめぐる哲学的思考の試み。（苅部直）

くじけそうな時の臨床哲学クリニック　鷲田清一
やりたい仕事がみつからない、頑張っても報われない、味方がいない……。そんなあなたに寄り添いながら、一緒に考えてくれる哲学読み物。（小沼純一）

「聴く」ことの力　鷲田清一
「聴く」という受け身のいとなみを通して広がる哲学の可能性を問い直し、ホモ・パティエンスとしての人間を丹念に考察する代表作。（高橋源一郎）

初版 古寺巡礼　和辻哲郎
不朽の名著には知られざる初版があった！　若き日の熱い情熱、みずみずしい感動は、本書のイメージを一新する発見に満ちている。（衣笠正晃）

初稿 倫理学　和辻哲郎　苅部直編
個の内面ではなく、人と人との「間柄」に倫理の本質を求めた和辻の人間学。主著へと至るその思考の軌跡を活き活きと明かす幻の名論考、復活。

ちくま学芸文庫

新編《しんぺん》 人《ひと》と人《ひと》との間《あいだ》 精神病理学的日本論《せいしんびょうりがくてきにほんろん》

二〇二五年三月十日 第一刷発行

著者 木村 敏（きむら・びん）

発行者 増田健史

発行所 株式会社 筑摩書房
東京都台東区蔵前二―五―三 〒一一一―八七五五
電話番号 〇三―五六八七―二六〇一（代表）

装幀者 安野光雅
印刷所 信毎書籍印刷株式会社
製本所 株式会社積信堂

ISBN978-4-480-51293-2 C0111